匡之文集 卷 2
Kuangzhi Personal Collection Volume 2

剑 与 士

Sword and Knight-errant

齐匡之 著

竹和松出版社

©2024 齐匡之

出版：竹和松出版社（Zhu & Song Press）

Zhu & Song Press, LLC

North Potomac, Maryland 20878

书名：剑与士

著者：齐匡之

责任编辑：朱晓红

责编信箱：editor@zhuandsongpress.com

封面设计：竹和松传媒

出版社网址：www.zhuandsongpress.com

印刷地：美国，英国

开本：8.27 inch x 11.69 inch

字数：30 千字

印次：2024 年 6 月第 1 版

发行：全球（中国大陆除外）

ISBN-13: 978-1-950797-37-0

ISBN-10: 1-950797-37-6

电子版 ISBN-13: 978-1-950797-38-7

电子版 ISBN-10: 1-950797-38-4

作品内容受国际知识产权公约保护，版权所有，侵权必究

2004 年 10 月，南京清凉山公园

作者简介

齐匡之，笔名匡之。1950年生于南京。籍贯天津。

是"老三届"一份子，曾插队高淳县顾陇公社松溪大队笠帽墩村。返宁后在南京市五金机械公司仓库工作，后任公司计统科专职商业情报员。就读于南京大学中文系，文学士。

曾辗转工作于数家企业，经历了国营五交化批发企业盛极而衰最后被外资集团收购兼并的全过程。

诗集《今夜无梦》和中篇小说集 《简单程序》千禧年由黑龙江人民出版社出版。另有数百篇文学作品散见于国内《诗刊》、《江苏文艺》、《新华日报》、《雨花》、《南京日报》、《青春》及香港《新晚报》、美国《世界日报》等各家报刊杂志。1986年成为江苏省作家协会会员。

自上个世纪九十年代初不再给报刊投稿，闭门尝试感兴趣题材长诗创作，题材遍及两千多年前的牧野之战、十九世纪太平天国攻占南京及后来湘军攻陷天京、辛亥革命、二十世纪日军攻占南京、知青节拍等重大历史事件。

近年致力于"五古"（五言古体诗）的创作，所作一系列长篇五言古体诗，重点表现南京古城墙、雨花石、六朝建康繁华、历史胜迹、器与人之间关系、多维世界等，"以箫和歌"，体现南京悠久文化历史的独特魅力，实现形式和内容的统一。

目录

剑与士

匠人篇

1

一串火流星，
飞自外太空。
喷发雷与火，
划破夜穹窿。
巡行亿万年，
坠落在河东。
大地隆隆响，
谁辨音与声？

日落又日出，
河山几易容。
落星悄无息，
全失影与踪。
月行朔与望，
焕然五彩生。
每逢流星雨，
地震山水动。

2

此前两千年，
冶城建金陵。
匠人一双手，

抟起火流星。
慧眼不敢眨，
呼吸几回停。
心跳如杵捣，
狂喜复骨惊。

投诸烈火焰，
汹汹起狂风。
灿烂不能视，
焕然慑双瞳。
冶城夜如墨，
炉火映天明。
可怜炉下役，
风箱拉不停。

3

锻铸逾三载，
薪火积山陵。
开渠引秦淮，
淬火气如虹。
朝夕锤与锻，
春夏接秋冬。
十万吴钩成，
一剑影朦胧。

匠人形枯槁，
注目不转睛。
寸心雄万夫，
毕役此一功。

尝试次第败，
剖腕血半升。
伴酒浇剑身，
神伤计已穷。

4

匠人涕泪干，
颓坐如坠钟。
一周无言语，
丧魂神癫疯。
蹒跚进山去，
寺院隐其踪。
苦修经和书，
通宿至天明。

冬去春又来，
匠人返冶城。
沉默如塑像，
炉火复燃红。
减碳和添碳，
加温又变形。
秋雁天际鸣，
一剑终显形。

5

通体繁波文，
隐然现七星。
流光肃杀气，

电照帝王风。
剑起日月分，
挥洒阴阳同。
雪落不沾刃，
自在一剑横。

彩云垂其上，
盘桓聚群龙。
猛虎卧其右，
长啸群兽恭。
浩渺天和地，
一剑立其中。
匠人大笑去，
从此无影踪。

剑士篇

6

青年面前过，
匣中剑长鸣。
扶柄自出鞘，
恍若有生命。
剑出寒光闪，
环周彩虹生。
雪刃锋且利，
不怒威自隆。

举剑石断裂，
相隔田和垅。

剑光炽如炬，
长啸示异能。
相识本缘分，
一见始钟情。
青年佃其家，
携剑华夏行。

7

北岸击虎鲛，
鳞甲大如轮。
摆尾断巨树，
凶残复狰狞。
南郊斗梼杌，
毛长如披风。
人面且虎足，
利牙穿貔熊。

西域战饕餮，
人面牛身精。
灭其腋下目，
断其食人梦。
东山伏穷奇，
猬毛獆狗声。
足乘两条龙，
残害人和牲。

8

快意挥洒间，

一慰豪士名。
天下不平处，
步步留身影。
丛林多凶险，
强弱殊不公。
唯将一腔血，
寄托剑之功。

宝剑美名扬，
君主心头惊。
三千御林军，
十万虎狼兵。
宝剑封上尊，
剑士逐南溟。
从此两分离，
勿扰君主梦。

9

剑士两手空，
心头何凋零。
崎岖容寸步，
无箭可折弓。
宵小懒让道，
狐狼敢欺凌。
欲哭却无泪，
水尽更山穷。

宝剑束高阁，
剑士难会盟。

名剑犹在世，
舞剑惜不能。
剑若不许我，
何故伴征程？
剑若肯许我，
意志永高擎。

10

卿于树梢鸣，
君在叶下听。
卿从半坡来，
君涉山涧迎。
卿飞入云霄，
君呼群峰应。
卿潜于深海，
君揽巨鲸从。

小哉一世界，
大哉一心灵。
怎堪妖与魔，
逼迫复逞凶。
直需一柄剑，
了却此生痛。
剑来剑又去，
何以解由衷？

11

恍然大彻悟，

剑士目如灯。
只须心锋利，
可除天下痈。
宝剑固难得，
人心定枯荣。
或将执剑手，
匡扶乾坤倾。

剑士隐山林，
切磋绝世功。
指劈摩天竹，
足断百年松。
呼啸穿山过，
吟哦生古风。
冰泉浸指寒，
灵芝亮如灯。

12

万国比武日，
虎豹聚群雄。
百步皆穿杨，
刀斧舞旋风。
剑士空手出，
片刃不肯用。
只借两双筷，
趋身校场东。

回眸忽撒手，
竹筷胜飞翎。

可怜厚甲盔，
洞穿四窟窿。
举场无声息，
惊见真神明。
剑士瞬去远，
再看无人影。

13

金陵有冶城，
毗邻朝天宫。
两千四百年，
沐雨又栉风。
一尊试金石，
万里动刀兵。
不冶不成器，
烈火映天廷。

始则冶其剑，
无物撄其锋。
继而冶其士，
仗义扫穹窿。
壮哉宇和宙，
虚与实平衡。
刀剑惜握别，
矢志定枯荣。

尾声

千军叹不及，
百将齐发怔。

君主面如灰，
始知不可赢。
剑可封藏兮，
士志难丸封。
从此江湖间，
故事永传承。

匡之写于 2020 年 2 月
南京龙江秦淮河畔

天雨化石

石头篇

1

建康燕子矶，
舟下如箭镝。
少年名石头，
年方十六七。
田耕扶犁铧，
潮汐驾舟楫。
敦厚复羞愧，
卿本田家子。

石头不惜力，
移山山降低。
石头少言语，
挑河河床移。
江畔百二州，
稻麦千万畦。
几多田舍郎，
经纬谱传奇。

2

石头善农活，
耕耘属长技。
春插秧万行，

秋收谷千萁。
狩兔入深山，
捉鱼潜湖池。
月上柳梢头，
闲来一支笛。

兴起雕石狮，
钢凿添神姿。
莲瓣饰底盘，
狮鬃弯又屈。
口含滚动珠，
足踏浑天仪。
狮身流汗日，
云空落雨时。

3

骤然号角响，
君王征兵力。
旗幡蔽日月，
刀枪如林枝。
石头已束发，
弱冠尚未及。
三老劝不止，
慨然赴军旅。

左臂秉藤盾，
外蒙生牛皮。
兽面何狰狞，
咆哮欲噬敌。

右执护手钩，
溢水又冰释。
龟文复缦理，
寒气迎面袭。

4

三年征战苦，
边境刀兵息。
石头归故里，
单骑蹄声急。
身长已及屋，
瘦壮且警惕。
刀痕复鼻梁，
眼神深无底。

马嘶颓屋前，
膝跪新坟泥。
寡母丧病饿，
征人无所依。
田地尽荒芜，
狐兔入门居。
野草伴藤蔓，
赫然满庭室。

5

冬猎与春播，
心伤渐平息。
石头垒新屋，

门前花盈池。
自古征战死，
生还十余一。
柳枝漾新绿，
无从计得失。

故乡月如旧，
归人无眠意。
夜深笛声哀，
绕梁不忍去。
此情终无解，
此生当何立？
苍茫天地间，
一男置悬疑。

6

月色铺满地，
乡邻足声急。
扶老又携幼，
逃难恐不及。
江蛟复登岸，
肆虐乡与里。
草屋连片倒，
牛羊哀声啼。

石头擎重剑，
村头兀自立。
腥气裹毒雾，
扫荡并长驱。

云端起咆哮，
平地炸霹雳。
六畜多晕死，
人间赛地狱。

7
恶蛟云中现，
首尾盘迷离。
双目似灯笼，
凶炽百十尺。
腥涎垂数丈，
利爪溅血滴。
巨尾扫崖石，
飘洒扬灰粒。

剑落污血溅，
江蛟呻吟急。
人走剑疾飞，
痛创与暴击。
更举粗毛竹，
蛟目横穿刺。
颓然巨怪死，
四野欢声疾。

8
除害建奇功，
朝廷喜闻之。
武帝召石头，
命作武云骑。

秋狩随君王，
虎豹衔飞镝。
冬猎入深山，
仓廪始厚实。

石头性善良，
弱小不忍欺。
引弓常空鸣，
放生獐与麋。
武帝闻此讯，
暗赞佛缘谛。
从此另眼看，
视之若珠玑。

天雨篇

1

金陵鸡笼山，
湖面悬碧玉。
帝王射雉处，
时闻雄鸡啼。
江南美女地，
一妞名天雨。
冬去春又来，
芳龄已及笄。

十三善丹青，
刺绣神栩栩。
十四习纺织，

手底生虹霓。
区区一根丝，
巧分十六缕。
颜色识千百，
缭乱且富丽。

2

君王忽传旨，
置办新龙衣。
建康和苏杭，
三大制造局。
人文尽荟萃，
地理皆优异。
精品复极品，
三城选其一。

恩赏何丰盛，
奖赐何期冀。
同城同行业，
多年免徭役。
金陵满城选，
千人举天雨。
娇柔秦淮女，
慨然接帅旗。

3

金陵产云锦，
美过孔雀姿。

历朝贡天子，
选做帝王衣。
堂皇九龙袍，
瑰丽青翟衣。
富贵且无双，
云锦天下知。

天雨性慧雅，
深谙纺与织。
吐纳百花香，
心通鸟兽意。
织凤凤领首，
凌风振彩翼。
织龙龙升腾，
九龙舞云隅。

4

清晨街巷静，
工坊闻织机。
机高二层楼，
上坐提花师。
天雨坐机前，
机长五六米。
大花楼提花，
云锦木织机。

上方提经线，
打捻与并丝。
下方主起花，

织纬金宝地。
挑花又结本，
夹金织银密。
通经且断纬，
繁复逐花异。

5

晶莹孔雀翎，
柔棉桑蚕丝。
金丝与银线，
竭尽奢与靡。
妆金又敷彩，
金丝织满地。
寸锦值寸金，
锦绣天下奇。

龙纹复章文，
结绳以记事。
分寸且秒忽，
一丝辨细腻。
挑花是基本，
竹片挑线织。
倒花又拼花，
复制与合一。

6

庭院养孔雀，
翩翩复熠熠。

天雨细观察，
每日晨与夕。
迎光何灿烂，
逆影何绚丽。
尽演自然美，
晓知并洞悉。

雀绒织云锦，
龙袍神奕奕。
举步焕异彩，
挥洒起虹霓。
五彩叠十色，
重影垒翠碧。
天帝若相见，
当叹不可及。

<h1 style="text-align:center">7</h1>

最雅青翟衣，
华美似晨曦。
每行十二对，
红腹金锦鸡。
衣织十二行，
一百四十四。
间饰小轮花，
云龙饰金织。

行走何潇洒，
转身何华丽。
浑似金凤凰，

迎凤亮羽翼。
一观目迷离，
再观众痴迷。
满室生光辉，
仙仪动京畿。

8

天子传圣旨，
云锦获第一。
金陵织造业，
五年免徭役。
工匠尽雀跃，
欢声动天地。
钟山树翠绿，
后湖水涟漪。

天雨遁无影，
隐身同泰寺。
青灯对古佛，
苦想与冥思。
人生一何苦，
纺女几多识。
命薄犹如纸，
意乱胜蚕丝。

天雨化石篇

1

南朝有贤君，

翩翩梁武帝。
虔诚佛家子，
一心求菩提。
大赦释天下，
改元示新纪。
一意向四谛，
苦心解缘起。

广植德为本，
大建庙与寺。
内心绝尘埃，
加持三昧力。
众有智慧相，
契众生之理。
可度所以度，
契众生之机。

2

叩问一何诚，
敬仰一何痴。
信念一何坚，
慧根明真理。
色身一何假，
意有法则欲。
无形则大形，
醒悟真受益。

辨识善与恶，
析分凶或吉。

详解实跟虚，
追求道和义。
智者三转世，
救度众布衣。
芸芸苍生喜，
齐颂德无极。

3

迷到艰难处，
武帝断舍离。
三次舍其身，
出家为僧侣。
朝颂金刚经，
暮敲桃木鱼。
垂首不听朝，
撒手人间事。

众臣赎君王，
国帑糜数亿。
一赎接二赎，
三赎接连至。
武帝扬清名，
天下归心齐。
皇库损且空，
寺庙富难敌。

4

城南有名刹，

焕焕高座寺。
法师名云光，
谈吐泣天地。
讲经于旷野，
受众千百计。
声引鸿雁落，
缱绻鹿归迟。

朝晖映经文，
晚霞染卷帙。
深奥复简明，
旁通兼侧击。
辰时接酉时，
初一至初七。
法师何滔滔，
群僧何济济。

5

七天闻讲经，
石头遇天雨。
婆娑端坐姿，
潜心度玄机。
云锦传故事，
金陵名佳丽。
石头心生羡，
眼神忽迷离。

天雨偶回首，
目光交与织。

电闪一瞬间，
两人惊不已。
垂首念佛陀，
红晕耳边起。
从此印象生，
在心挥不去。

6

法师何慷慨，
经文何壮丽。
忽然云散开，
异光满天地。
鲜花万千簇，
飘洒落如雨。
田野起欢呼，
万民舞手臂。

鲜花落作东，
钟山披霞霓。
鲜花落作北，
后湖水染赤。
鲜花落作南，
寺院异香奇。
鲜花落作西，
稻田如花池。

7

鲜花落地面，

瞬间变彩石。
晶莹复剔透，
璀璨且瑰丽。
石艳胜如花，
花美输于石。
玛瑙天然成，
神采焕天宇。

五彩染岁月，
史称雨花石。
花纹千百变，
纹理弯又曲。
土埋色难掩，
水冲质润致。
此郡石如此，
俊杰胜瑞麒。

8

石头拣奇石，
温润如美玉。
横亘山和水，
中有一佳丽。
楚楚且动人，
云锦手边挚。
分明是天雨，
映影现芳姿。

呼之步欲出，
嗅之清香袭。

石头趋向前，
递石给天雨。
姑娘细端详，
知晓石头意。
笑从心底起，
低首不言语。

9

满地似花瓣，
缤纷复炫丽。
俯拾皆美玉，
足踏尽珍稀。
天雨随石头，
寻觅心欢愉。
仿佛兄与妹，
无猜又拘泥。

朝夕闻经文，
拾石于闲隙。
石头伴天雨，
惬意且和宜。
大彻与大悟，
无束则无拘。
春秋复冬夏，
两情缱绻时。

10

朝廷传旨意，

石头返军旅。
南下迎贵宾，
异邦三王子。
高僧名达摩，
天竺访禹域。
讲经动天下，
信众满番禺。

数月倏忽去，
客队进京时。
石头居队前，
得得闻马蹄。
达摩甫下车，
武帝把手执。
亲迎入宫去，
问禅心中谜。

11

百思不得解，
圣谛第一义？
——廓然而无圣，
无意亦无义。
朕有何功德？
写经又造寺……
——全然无功德，
一如水入池。

何以无功德？
武帝始质疑。

——善因虽然有，
实相非是宜。
何是真功德？
——体自空亦寂。
净智与妙圆，
不以世求之。

12

三番语不契，
再谈无投机。
武帝不省玄，
变容少言语。
宫殿气氛冷，
达摩起身立，
一揖始作别，
潇洒惜置辞。

相见亦恨迟，
后知机不契。
度日如度年，
达摩萌去意。
一晨唤备马，
径直往北去。
穿越幕府山，
大江横东西。

13

石头随其后，

顾盼寻舟楫。
达摩仰天乐，
摆手笑无语。
江边有芦苇，
茂盛且挺直。
盈盈采一束，
置于浪之脊。

达摩挥手别，
足踏芦苇枝。
随波离岸边，
逍遥乘风去。
江浪时汹涌，
僧人立更直。
一片祥云来，
如伞亦如旗。

14

遥看至江中，
高僧不盈尺。
再看迫江北，
人影如蝼蚁。
石头顿足憾，
恨不追随去。
凡胎肉眼汉，
修炼待有时。

初至长芦院，
高僧留足迹。

驻锡定山寺，
苦修兼面壁。
趺坐穷斟酌，
闭目费沉思。
闻说入魏邦，
少林是寄籍。

15

九年面壁史，
武帝或有知？
沉湎为佛法，
不计得与失。
从此建禅宗，
一代称宗师。
始知真功德，
高下判云泥。

向佛不杀生，
石头请退役。
开荒数亩田，
劈山几顷地。
天雨善织造，
商贾盈门第。
善良两青年，
金陵长相忆。

处之吟

1

阳羡出豪门，
世代为士绅。
周氏大家族，
军功累先勋。
权势倾一方，
往来皆贵宾。
千八百年前，
太湖南之滨。

江南富庶地，
水天共氤氲。
林起十丈高，
土翻三尺深。
农耕并林产，
养殖共蓄禽。
民风不惮苦，
渔猎昼夜勤。

时值端午后，
阳羡大市临。
三日举市集，
九方聚乡亲。
绫罗叠布匹，
野味压山珍。
鱼虾鲜活跳，

脱兔满街寻。

“水浮兼陆行，”
货殖常布新。
“器用盈万端，”
商贾库丰殷。
农具半条街，
牲畜味气熏。
摩肩又接踵，
赶集须清晨。

东街娶长媳，
百人忙迎亲。
西街起高楼，
上梁气象新。
中街贺寿宴，
盈门入嘉宾。
欢庆伴喜兴，
直至日西沉。

骤然西街乱，
乡民皆惊魂。
满街遗屐履，
楼墙血迹淋。
一条斑斓虎，
肩高过窗门。
左冲又右突，
杀戮浑不分。

牛尸三两具，

羊腿七八根。
乡民死与伤，
枕街苦呻吟。
猛虎更咆哮，
屋瓦响辚辚。
尾扫楼房倾，
口张犬马吞。

猎户齐上前，
钢叉掷纷纷。
大虫无介意，
铁骨并钢筋。
虎啸声声起，
众人四下分。
躲避恐不及，
活路无处寻。

人间陷苦海，
天空现乌云。
翻腾似潮涌，
腥臭远近闻。
云中降蛟龙，
十余丈长身。
舞爪且张牙，
直扑街中心。

毁损楼与屋，
吞噬羊与豚。
吐涎鸡鸭瘫，
晃影军民晕。

骤然腾空起，
盘桓如梳巡。
声声炸雷响，
四乡静无音。

蛟龙天之子，
何故惹凡尘？
直奔渔港去，
入湖浪卷云。
巨涛如沸腾，
渔船尽飙焚。
护法水之界，
不容人与存。

虎去蛟遁形，
骚乱无印痕。
市集转天旺，
买卖交易频。
脱手数石谷，
换购幼豕群。
陶碗与磁盘，
最熨顾客心。

东岗爆竹响，
龙窑庆点薪。
四乡七八座，
碧空摇烟尘。
大窑货千件，
半年藏辛勤。
贡品不惮精，

工序过百轮。

何处传喧哗？
湖堤起纠纷。
今夏客水盈，
湖水波粼粼。
时漫堤面入，
欲将良田吞。
乡民护堤圩，
昼夜付悉心。

长老严号令，
寸堤不容侵。
黑衣精壮男，
公愤集一身。
擅挖洞数十，
径把蟋蟀寻。
坑深或逾尺，
小虫智慧深。

众人齐制止，
掘堤犹掘坟。
可憎黑衣男，
自顾挥锹频。
豪门出逆子，
周家降瘟神。
长老仰天叹，
造孽众乡亲。

骤然堤渗水，

虫洞湖水喷。
乡民奋勇堵，
沙袋水中沉。
奈何虫洞众，
溢水没膝深。
大堤恐不保，
敲钟四乡闻。

乡民四散逃，
惊呼伴呻吟。
轰然大堤崩，
怒涛卷乾坤。
平地十尺浪，
横扫乡与村。
可怜万亩田，
顷刻尽沉沦。

阳羡成泽国，
房屋次第沉。
妇孺啼声苦，
巨祸遽灭门。
太湖临大汛，
躁动如临盆。
三万六千顷，
恣肆泄侵淫。

可叹大潮山，
淹没变岛群。
人兽逃无路，
山坡亡命奔。

遥望竺山“岛”，
滔滔浊水浑。
大美福善寺，
香火可犹存？

哀哀兮阳羡，
大水憾无津。
人或为鱼虾，
漂浮任升沉。
麦畿并油菜，
荡然皆无存。
妇孺口中食，
壮丁梦中魂。

长老伏门板，
惨淡水中陈。
发须缠水草，
漩涡裹袍身。
途遇黑衣男，
切齿诉恚嗔。
痛斥赛禽兽，
泣血责瘟神。

周氏世豪杰，
汝则一逆鳞。
乡民亦何辜？
火热与水深。
阳羡有三害，
屠戮众乡邻。
尔胜虎与蛟，

祸害一方人。

长老漂浮去，
空余怒责音。
唯剩黑衣男，
漂流无依存。
或遇百年柳，
牵拉喘艰辛。
背系蟋蟀筒，
犹闻鸣声新。

2

万民哀生死，
三日易晨昏。
湖水终退去，
田地始识分。
途遇黑衣男，
乡民皆怨嗔。
回家省慈母，
绝情斥寡恩。

周家列鼎食，
轩冕至荣尊。
鄱阳任太守，
父辈官声薰。
周处少失怙，
慈母宠爱深。
弓配玉弹子，
履镶金和银。

自幼体健硕，
膂力尤绝人。
驰骋好田猎，
细行不修身。
纵情畅肆欲，
为害己不闻。
州郡痛患之，
阳羡视瘟神。

周处颓然出，
长跪叩父坟。
追思尽疾首，
感慨倍痛心。
切齿别既往，
来日图布新。
黑衣抛身后，
猎装护具沉。

街首揖长老，
无语表胸襟。
持械上南山，
晨遁而夜奔。
拂地辨兽踪，
足印大如盆。
虎尾横扫处，
巨树两剖分。

男子夸连声，
冤家乃魔君。
有幸成对手，

不枉此一巡。
当即起炉火，
熔炼至夜深。
数柄猎虎叉，
合铸成一根。

重锤不计数，
回炉亦频频。
淬火数十回，
泉溪水尚温。
虎叉高丈二，
沉沉近百斤。
通体射蓝光，
倾听闻龙吟。

一挥岚雾动，
山峦鸟雀喑。
三挥风云起，
肃杀氛浸淫。
男子绕周身，
呼啸水不侵。
光线密难透，
人影竟无痕。

复取南山麻，
剥皮为"抽筋"。
沤于东门池，
编绳上千寻。
结织兜天网，
四维定乾坤。

鹰鹏皆铩羽，
神怪尽远遁。

初探螺岩山，
林密山幽深。
有洞名善卷，
绵长又嶙峋。
虎遗时可见，
男子倍留心。
洞厅宽数亩，
猛虎鼾声匀。

力量何悬殊，
搦战竟上门。
猛虎不屑顾，
咆哮示警心。
男子悄攀高，
洞顶藏奇兵。
锐利胜梭镖，
钟乳石根根。

男子挥钢叉，
石剑坠纷纷。
当者瞬毙命，
遇者亡其魂。
大虫骤挪移，
卧石砸裂痕。
一时粉烟起，
不辨虎与人。

大虫驻足远，
半疑始半信。
踏步山石碎，
狰狞露牙龈。
猛扑跃半空，
欲噬不速宾。
摆尾忽跳开，
险成入瓮君。

大网迎天降，
呼啸压烟尘。
挂石又勾连，
错节更盘根。
力盖神与怪，
休得逃半分。
纵有移山力，
瞬间难脱身。

男子挂钢叉，
以逸待劳辛。
依石借山力，
飞叉力千钧。
怒目正圆睁，
电光火石焚。
大虫倘犯汝，
刺肝又穿心。

大虫不恋战，
脱身洞中遁。
九窟十八弯，

深邃难觅寻。
更有流水洞，
溪河流津津。
黑暗弥幽远，
危机忽迫近。

男子返洞外，
耳际嗡嗡音。
一只杀人蜂，
金环列腰身。
周边环绕飞，
嚣张且暴淫。
男子如石化，
静止费思寻。

数日后重逢，
冤家窄路蹲。
恶战逾半日，
胜负仍难分。
猛虎长丈五，
身大力不逊。
扑打加撕咬，
强争复血拼。

男子怒持叉，
左刺右挑筋。
飞腿踢虎腹，
冷拳掏兽心。
低身躲钢尾，
跃起又下沉。

临危不畏惧，
俨然神一尊。

遍体伤累累，
血流湿全身。
眦裂怒发竖，
牙咬血溅喷。
转身即活路，
不屑苟生存。
怒吼不输虎，
争斗益升温。

钢叉对虎牙，
缠斗终难分。
壮汉敌猛虎，
势比阳和阴。
兽多七分力，
人智益超群。
争斗至河边，
波光闪粼粼。

数排麻栗树，
枝叶高入云。
男子佯败退，
树下巧藏身。
取彼背上弓，
仰首啸天真。
猛拉弦满月，
箭锋光若银。

一支飞鸣镝，
呼啸霹雳音。
树顶蜂巢塔，
巨大如车轮。
箭穿巢壳破，
寻衅忽来临。
金环胡蜂惊，
倾巢如乌云。

男子跃长河，
水深可隐遁。
群蜂近猛虎，
轮番蛰毒针。
来势何汹汹，
局势骤沉沦。
虎落平川下，
奄奄一息存。

经久蜂群退，
男子始现身。
钢叉刺虎心，
三番复五轮。
斑斓渐安息，
血流漂杵盆。
男子亦累垮，
卧地鼾声匀。

阳羡传喜讯，
虎害不复存。
樵夫泪盈眶，

药农谢天恩。
妇孺倾巢出，
农人忙耕耘。
男子浑不知，
元气渐翁振。

3

疗伤十多日，
忽闻急叩门。
长老入周府，
仓惶且丧魂。
紧执男子衣，
哽咽言语喑。
遥指府门外，
生死大劫临。

太湖似沸鼎，
浊浪力万钧。
波涛如野马，
四下恣肆奔。
湖水破堤出，
激荡万物吞。
乡野渐没顶，
阳羡始沉沦。

蛟遁太湖底，
颐养精气神。
修炼上千年，
化龙出凡尘。
"走蛟"惊天地，

洪水打前阵。
狂风摧树林，
暴雨赛倾盆。

一声炸雷响，
闪电劈乾坤。
银光镀环宇，
世界何艰辛。
"走蛟"经过处，
江河巨浪侵。
张牙更舞爪，
狰狞殊惊魂。

可怜阳羡人，
鱼虾逐浪沉。
漩涡吞腿脚，
水草掩半身。
蟹行挪寸步，
逃难挽至亲。
婴啼唤父母，
祖惊寻子孙。

斑斓一段影，
旋舞出湖心。
兴云且布雾，
腾踔又屈伸。
忽至岸之西，
激浪欲排云。
旋越岸之南，
水天竟难分。

男子驾孤舟，
迫近细探侦。
大蛟忽静止，
专注不速宾。
双眼赤灯笼，
威慑起妖氛。
腥涎传百丈，
怪异不卒闻。

大蛟逾十丈，
周体复甲鳞。
浑身似锦缎，
五彩斑斓纹。
甲片大如碟，
坚硬不可侵。
四足爪如钩，
踏石起烟尘。

大蛟如牛鸣，
翻腾气焰熏。
化龙可升天，
妖魔即成神。
击水浪百尺，
摆尾风如针。
孤舟翻而覆，
男子影无痕。

男子沉湖底，
引网缠腰身。

湖心有暗道，
通江入海滨。
网封暗道口，
"走蛟"无路循。
复返孤舟上，
仰天啸古今。

人兽两对决，
力量殊不均。
巨兽立天地，
千年修炼深。
吐水湖河满，
踏足山断筋。
目光赛闪电，
流涎蒸汽喷。

男子立面前，
细碎如灰尘。
风吹难见影，
雨溅尽湮沦。
一柄屠龙刀，
纤如绣花针。
纵有移山力，
无奈蛟半分。

"走蛟"路阻碍，
大蛟倍怨嗔。
愤懑怒难遏，
盘旋复屈伸。
喷水如山洪，

荡涤无遗存。
倾泻三五里，
孤月挂黄昏。

转而脱身去，
入水无处寻。
化龙乃大业，
何拘一介尊。
南下入荆溪，
"走蛟"重温新。
又访东西氿，
巨浸波粼粼。

男子追不舍，
舟车何劳辛。
腰系屠龙刀，
颈环紫领巾。
长桥复下水，
潜泳细探侦。
偶尔换舒气，
数里几浮沉。

昨别明月夜，
今逢金星晨。
男子潜水出，
冷面对龙吟。
拔刀银光闪，
飞刺血飘淋。
伸臂捋龙须，
张手揭龙鳞。

一袭黑大氅，
貂裘防水浸。
辉煌如黑火，
玉石俱飙焚。
气势何张扬，
擂鼓又鸣金。
蛟龙不思索，
迎面张口吞。

大氅不寻常，
暗中藏乾坤。
一根钓龙钩，
刺穿蛟下唇。
铁钩小臂粗，
坚硬制千钧。
铁链环环扣，
男子握手心。

任君浪中翻，
长河水搅混。
忽而十里远，
忽而眉睫近。
登岸绕山麓，
入洞隐匿身。
不离更不弃，
生死伴随君。

或骑蛟之背，
乱刀创伤深。

或锁蛟之尾，
剥皮复抽筋。
或击灯笼眼，
山水尽失真。
或戳斑斓腹，
剖腹又掏心。

展现胜负手，
果真诛伐神。
大蛟不得脱，
伤疼难自禁。
獠牙屡咬空，
男子腾挪频。
利爪连环扑，
难获屠龙人。

三日又三夜，
蛟浮蛟下沉。
争斗数十里，
人蛟浴血拼。
河水尽染红，
刀斧布裂痕。
曲终水始静，
天下寂无音。

男子仰河滩，
落魄又失魂。
伤痕叠累累，
肌肤泡皱纹。
全无呼与吸，

发掩鼻与唇。
力竭骨架散，
命殒气息尽。

足前横蛟尸，
首尾两处分。
口涎翻泡沫，
腥臭不可闻。
血流叉港外，
染赤芦苇林。
蛟心插利刃，
抽搐留余温。

村民皆雀跃，
奔走告乡邻。
痛泣不成声，
额手谢天恩。
庆贺三害除，
百姓自安分。
最喜周处亡，
免除巨祸侵。

斗转星又移，
入夜露水临。
男子忽叹息，
九死终还魂。
拼及移山力，
虎蛟皆入坟。
最怜是自己，
乡民视瘟神。

两行英雄泪，
一颗忏悔心。
挣扎坐身起，
疼痛又眩晕。
天庭星万盏，
湖水波光粼。
彻夜扪心问，
甦醒迎清晨。

4

伤逾复入吴，
豪府访陆云。
自叹年蹉跎，
修行难成仁。
对曰子尚可，
夕改续朝闻。
人患志不立，
何虑名不振。

智人一席谈，
闻者焕热忱。
励志促好学，
鸿鹄伟志存。
期年出仕吴，
官场始履新。
东观任左丞，
结绶腰悬金。

叉任无难督，
统帅精锐兵。
扈卫帝王家，
虎狼御林军。
京城安无忧，
宵小望风遁。
铁骑甲胄士，
踢踏巡城门。

《默语》三十篇，
悟道寓意深。
写实《风土记》，
习俗传至今。
恢宏撰《吴书》，
页面卷风云。
武勇更文谋，
巨擘日已臻。

仕晋入洛阳，
中土拓胸襟。
新平任太守，
异族刀斧频。
抚和戎与狄，
化外始怀仁。
叛羌争归附，
雍土誉功勋。

广汉职太守，
积弊久槃根。
郡多滞讼事，

积重难处分。
详其枉与直，
乱麻祭快斤。
一朝决即遣，
百姓喜难禁。

时念慈母老，
辞官奉至亲。
后拜楚内史，
江南辖楚郡。
未及赴官任，
诏令又及门。
散骑常侍职，
虚席以待君。

"辞大不辞小"，
遵蹈古人云。
男子先趋楚，
不惮政事勤。
丧乱经已久，
杂居新旧群。
风俗尤迥异，
百废待举新。

命检野尸骨，
收葬毋暴陈。
道野返清明，
秩序复森森。
敦促以教义，
化蝶蜕身心。

四乡遂焕然，
赞誉遍远近。

始返京城去，
近侍伴人君。
出则骑马从，
入则承垂询。
规谏与顾问，
析疑及奏闻。
时作清风拭，
帝王心上尘。

生性刚且直，
秉法监群臣。
御史中丞任，
犯颜批逆鳞。
梁王司马肜，
违法严讯侦。
律典一条条，
办案细查询。

氐人齐万年，
叛晋击官军。
朝臣厌周处，
欲除眼中针。
盛言誉男子，
"英雄出名门"。
诏令赴西征，
利刃扫敌群。

宿怨梁王肜，
平西大将军。
都督关中事，
大权集一尊。
"处知肜不平"，
旧账必翻新。
假公报私仇，
陷己泄恚嗔。

或劝母已老，
辞官奉至亲。
躲开此一劫，
届此归山林。
——忠孝两难全，
辞亲以事君。
自不宜忌惮，
尽节为人臣。

悲慨即出征，
男子别家人。
志在不生还，
酬国为安民。
梁州动鼙鼓，
洛阳旌如云。
有怨而无援，
大将即失身。

氐人聚梁州，
气焰扬沙尘。
步骑逾七万，

刀剑密如林。
男子任先锋，
统领五千兵。
力量见悬殊，
前景益森沉。

帅令速接战，
男子敢直陈：
前军无后继，
覆败必濒临。
身亡不足惜，
国耻负君恩。
元帅怒驳回，
军令督三军。

决战于六陌，
孤军犯虎贲。
"处军人未食，
彤促令速进"。
壮士皆枵腹，
浴血战鬼神。
自旦及迟暮，
万首斩离分。

三军约合击，
两军踪难寻。
孤旅殊死搏，
"弦绝矢皆尽"。
望穿救军眼，
寒凉壮士心。

敌营号角盛，
氐、羌联雍、秦。

左右敢劝退，
按剑独伤神。
效节授命日，
万念皆灰尘。
诸军今负信，
战势必不振。
大臣一如我，
许国以身殉。

策马闯敌阵，
挥剑血溅喷。
马踏工事倒，
枪扫营地沦。
强敌何凶蛮，
箭矢蔽乌云。
投枪根根飞，
专顾眼与唇。

体被数十创，
犹作困兽拼。
身膏氐人斧，
力战而亡魂。
异族敬英雄，
肃然停斧斤。
周处殉军令，
青史荐芳馨。

晋廷厚体恤，
优待白发人。
阳羡东庙巷，
朝野共筹银。
始建英烈祠，
祭奠孝侯魂。
周处名四野，
一千八百春。

君子豹之变，
品质石成金。
"其文蔚也"兮，
蔚然而成文。
君子豹之变，
瓦砾变瑶琴。
美名溢江海，
悠扬传至今。

英豪豹之变，
自古倍艰辛。
豹变真君子，
巍然立乾坤。
作为及担当，
慷慨负千钧。
情操与修养，
先典君因循。

写成于 2022 年 12 月 2 日
南京龙江，秦淮河畔

多维南京

引子

偶得一玉琮，
古朴似锈铜。
七分玲珑绿，
三成斑驳红。
表面披磨痕，
内秀复朦胧。
置于书架上，
春夏与秋冬。

勤时常拭擦，
惰时难相逢。
再看蒙灰尘，
出土又一重。
天文大潮日，
九星连珠穹。
半夜常惊醒，
书房现动静。

玉琮内闪光，
线条分外明。
影影又绰绰，
仿佛是路径。
奥秘费推敲，
古怪似精灵。

稍后光泯灭，
玉暗影更浓。

冥思累数月，
玄机始启蒙。
如此再三四，
会知旨意泓：
恰此时与辰，
步彼路与程。
玉琮复明时，
慨然身相从。

1、（右 2 前 1，右 1 退 1，右 2 退 2，左 5 前 2……）
公元 1405 年，明永乐年间，金陵，河西龙江宝船厂，7 号作塘

转身风光异，
景致殊不同。
六百余年前，
城市缩几重。
墙外尽农田，
遍地稻香浓。
秦淮河边柳，
扬子岸上亭。

龙江宝船厂，
坐落江之东。
方圆上百里，
气象何恢宏。
船坞长逾里，
作塘贯西东。

皇家造船厂，
寰宇称豪雄。

新船十余只，
崭崭露俊容。
四十余丈长，
静卧如蛟龙。
宽约十八丈，
车马可纵横。
九桅十二帆，
巨锚千斤重。

长锯双人拉，
卯榫是细工。
大宗木与铁，
小宗棕与蓬。
油漆须七层，
弥漫香气浓。
缆匠及索匠，
手底盘巨龙。

一根大舵杆，
长逾三丈盈。
百年铁力木，
质硬似石楹。
八名工匠举，
帮工坠引绳。
安装入槽孔，
郎中亲督工。

主船试下水，
飘绿又戴红。
工匠齐欢呼，
乌统朝天轰。
祭祀升香烟，
宰杀大三牲。
船闸徐徐升，
巨浪迎面涌……

俄顷三退步，
船厂景象空。
秒回本世纪，
书房夜正浓。
客机入星河，
闪闪夜航灯。
秦淮河上桥，
车流始疏松。

手心轻舒展，
一枚古船钉。
斑驳三分锈，
制作凭手工。
海船行千里，
颠簸不松通。
浓缩旧信息，
知会传由衷。

始知是穿越，
际遇并非梦。
世界有多维，

宇宙自平行。
过去未消失，
肉眼识不能。
仿佛千尺楼，
各在己一重。

2、（右2前2，右1退2，右2退1，左3前4……）
公元1130年，南宋建炎四年四月，建康，城南三十里牛首山

金朝铁甲军，
威武南方行。
陷落建康府，
江南动刀兵。
夕阳映铁甲，
熠熠闪光明。
精锐不可挡，
何故山前停？

统帅金兀术，
策马观动静。
一座石围墙，
横亘贯西东。
置于两山间，
高度达颈胸。
重装铁塔兵，
受阻不能行。

墙长八九里，
蜿蜒如巨龙。

含威怒不发，
沉默以自重。
四周山林里，
军旗影憧憧。
统帅心生疑，
就地令驻营。

马卸铁铠甲，
刨蹄长嘶鸣。
重装疲筋骨，
无载一身轻。
士脱重甲衣，
盔甲百斤重。
帐篷连营起，
痛饮山溪空。

山岚接暮色，
夜空满天星。
精锐铁浮屠，
熟睡尽入梦。
他国卧榻旁，
酣眠岂可容？
宋军帅帐里，
灯火到天明。

堂堂岳鹏举，
倦意全无踪。
探报接连来，
布阵与伏兵。
敕令敢死队，

横扫与直冲。
百余黑衣人，
翥夜踩金营。

丑时夜正深，
警卫懈与松。
骤然杀声起，
敌营如雷轰。
恍如冰冷水，
直冲油锅中。
营帐喷烈火，
浓烟催逃生。

重甲无暇备，
慌乱举刀迎。
怎奈黑衣人，
更比虎豹凶。
横砍与直捅，
双刀舞成风。
可怜铁浮屠，
血溅牛首岭。

惊惶兮无名，
金兵齐引弓。
追射朦胧影，
千箭争升空。
可怜暗夜里，
惨叫声连声。
自相竞残杀，
伤亡愈惨重。

一个时辰后，
死神去无踪。
山溪成血河，
呻吟响山峒。
多少异乡人，
横死征战梦。
抛下妻与子，
黄泉路孤零。

金营忙集结，
篝火映苍穹。
人马皆重甲，
枕戈待天明。
疲惫又警惕，
风吹草惊动。
锐气遭重挫，
惊慌不可名。

曙光天欲晓，
传令唤拔营。
机警金兀术，
且退且佯攻。
石墙锁巨寇，
凛然胜蛟龙。
逼退铁浮屠，
故垒留英名。

金军铁流退，
大地走雷霆。

建康城西北，
龙湾寂无名。
三面是河汊，
当前一江横。
敌酋方检图，
追兵来踹营。

骁勇岳家军，
突击逞豪雄。
飞箭胜疾雨，
杀伤立无穷。
两千步卒猛，
坚盾把身屏。
三百枭骑兵。
长枪舞春风。

百战铁浮屠，
列阵把敌迎。
分寸全不乱，
冷静又从容。
奈何是农田，
土软地更松。
马蹄裹烂泥，
重甲载不动。

变阵慢几拍，
转身费折腾。
步兵瞬贴近，
盾长人无影。
利斧斩马腿，

马嘶仰天冲。
更有钩镰枪，
横扫势汹汹。

马匹应声倒，
甲士陷泥中。
人马不能起，
装甲何其重。
铁甲三连环，
一伤误二从。
破绽忽百出，
军心始震惊。

敌酋不恋战，
且退且匿形。
快速离龙湾，
放箭退追兵。
远离建康府，
结束江南征。
渡江去淮西，
盘马又弯弓。

壮哉岳鹏举，
历史留英名。
忠心为报国，
乱世真英雄。
大战金兀术，
建康毕其功。
故垒今尚在，
山叶仍染红。

3、（左 2 前 1，左 1 退 3，左 1 退 1，右 1 前 1……）

公元 331 年 11 月，东晋咸和六年，建邺，台城，建康宫新宫落成

幽幽台城柳，
巍巍建康宫。
方圆十数里，
迤逦京城中。
宫墙分内外，
森严共三重。
六千五百室，
殿宇连苍穹。

湖畔遍绿荫，
山南尽葱茏。
冠绝古与今，
壮丽至恢宏。
中央尚书台，
百官忙议政。
面阔十二间，
主殿太极宫。

风和且日丽，
散朝人汹涌。
宽袖何飘飘，
名士步履轻。
谈笑出宫禁，
沿墙沐秋风。
一望三五里，

人群各聚众。

秋阳晒身暖，
清谈何从容。
大儒言侃侃，
巨擘语轻松。
大夫辩巨贾，
名士答友朋。
麈尾执在手，
妙语莲花萌。

言谈少国事，
语论无民生。
谈俗遭贬讥，
议民受嘲讽。
主旨说老庄，
三玄有易经。
高雅且风流，
身份殊不同。

宇宙囊万物，
起源费考证。
于有或于无？
辩论耗精神。
极变以应物，
各执一端争。
心想语所及，
言表胜于情。

圣人赋天命，

有情孰无情？
既领天意来，
自该是神性。
或曰人之身，
应与凡间同。
喜怒与爱憎，
复归是人性。

漫谈才与性，
离合与异同。
才高或性智，
潇洒成一统。
才高或性拙，
大智不出众。
才与性相悖，
理容人难容。

言理皆有据，
观点须分明。
层层剥笋出，
援例忌空洞。
一语破真谛，
万句逞已能。
辞令与文采，
高雅众人颂。

言出须谦和，
举止礼并重。
忌怒戒恶语，
理胜言持重。

偶尔入兴奋，
手挥脚舞动。
酣醉且引吭，
粗言露峥嵘。

永嘉南奔士，
嗜此胜性命。
一日无清谈，
万念皆罄空。
上午宫墙外，
暮晚竹林东。
穷辞求达理，
玄谈识鱼龙。

卫玠赴建邺，
万人去巷空。
争睹玉面郎，
趔趄不得行。
少年大才子，
玄谈博大名。
析理至精妙，
辞令最玲珑。

骄傲如王澄，
倾慕卫谈经。
每闻玠之议，
绝倒及后倾。
三闻复三倒，
佩服且涕零。
心气比天高，

天外涉登阅。

煌煌建邺府，
繁华且文明。
举世数第一，
海内皆推崇。
两晋多名士，
悉数入金陵。
风流与儒雅，
开拓且振兴。

清谈何处寻？
府邸与轩亭。
频繁聚会处，
当推殷浩厅。
王濛与刘惔，
清谈甚洽融。
有始却无终，
"堕其云雾中"。

谢尚慕其名，
趋府求点评。
殷浩旦复夜，
淳淳复惺惺。
"不觉汗交面，"
相和语喁喁。
唤仆取热巾，
请拭谢郎容。

垂史第一辩，

殷浩与孙盛。
各挥麈尾起，
阐释道与经。
"往反皆精苦，
客主无闲空。"
堂议竞喧嚣，
庭竹舞长风。

饭菜四番热，
主客无转睛。
"奋力掷麈尾"，
麈毛落满庭。
满桌锦玉食，
尽被麈毛蒙。
漠视且忘食，
至晚言未停。

王蒙对刘惔，
子问谁所胜？
蒙答韵音辞，
刘惔不如蒙。
往辄破的佳，
刘惔俨然赢。
内容和形式，
齐驱与并重。

思维须敏捷，
口才敌群雄。
许洵王苟子，
后者不得胜。

“许复执王理，
王执许理从”。
王君仍告败，
许洵露机锋。

王导理万机，
位极众臣工。
擅长议三论，
哲理百论通。
最妙言已尽，
细品味无穷。
自由育文化，
精神争复兴。

建邺三大寺，
清谈负盛名。
瓦官与东安，
白马聚高僧。
色宗支道林，
论战诸公卿。
见人所未见，
证人所未证。

名士多贵族，
衣食自丰盈。
褒衣且博带，
冠冕漆纱笼。
谈吐见尊严，
执理贯融通。
古代思想美，

辉煌映云空。

借君莲花舌，
辨析始与终。
巧运三段论，
天地垂彩旌。
示我中国人，
哲理以立命。
非是物质奴，
皆为思辨通。

伟哉名士群，
大哉清谈功。
轻视名与利，
贱弃金银铜。
无诱清明眼，
难撼信仰情。
哲理玄中玄，
道义荣上荣。

中国思辨美，
灿烂露真容。
建邺满朝野，
处处闻谈经。
始知基因在，
畅快慰我胸。
直将拜物教，
视同泥与虫。

4、（左3前2，左2退1，左3退4，右2前5……）

公元530年5月，南朝，梁中大通二年，建康城内

六朝建康府，
东方第一城。
人丁逾百万，
工商倍繁荣。
唱棹应转毂，
万般设器用。
粉墙衬黛瓦，
街市见纵横。

建城千百载，
六朝至圣灵。
名流如江鲫，
文章似星空。
瓦房数十万，
车路各西东。
夜空彗星落，
锦绣遍江东。

国学分四馆，
广招诸菁英。
文史与玄儒，
分科授学众。
袞袞饱学士，
灿灿文曲星。
君子相揖礼，
落笔走蛇龙。

首座文学馆，
坐落城之中。
黄泥岗以西，
墨香逐春风。
中华据第一，
格局与门庭。
楼阁多侈大，
斗拱密重重。

出入皆雅士，
谈吐尽从容。
著作须等身，
谈辩百家兴。
铺陈赋比兴，
意会风雅颂。
馆员散学去，
江南遍菁英。

文学有评论，
《文心（可）雕龙》。
十卷五十篇，
博大且丰盈。
齐梁时代前，
归究与融通。
语言文学美，
规律知永恒。

本之既于道，
稽诸于天圣。
思维诉形象，

宗之既于经。
"剖情与析采",
华文立于诚。
"事近而喻远，
辞约而旨丰。"

刘勰缘所思，
著作何恢宏。
思绪接千载，
抽象与归拢。
论文及序笔，
研究和响应。
神思到物色，
鉴赏复批评。

豁然以开朗，
学习知由衷。
诗文所以美，
本质发于情。
有限对无限，
确定不确定。
相互见统一，
审美志特征。

转身街巷去，
甜美闻童声。
朗朗《千字文》，
街巷齐传颂。
黄口小儿郎，
蹒跚会背诵。

音韵何谐美，
构思满珠璎。

南梁周兴嗣，
官居给事中。
奉命梁武帝，
编撰建异工。
王羲之书帖，
千字选不同。
四字断一句，
童子以启蒙。

"天地玄黄"始，
"宇宙洪荒"从。
"谓语助者"助，
"焉哉乎也"终。
对仗俱工整，
韵文亟玲珑。
条理分清晰，
文采垂天虹。

一千五百年，
学童代代颂。
由此观世界，
修身与养性。
地理并天文，
历史商汤容。
"化被草木"外，
"赖及万方"同。

舞于寸木端，
霓裳旋柔轻。
乱丝抽长绪，
条理全贯通。
文笔称优美，
辞藻尽雍容。
千字容世界，
坟典会群英。

路遇建康宫，
远闻读书声。
萧统皇太子，
素负博学名。
"数行常并下"，
五岁读五经。
"过目皆成忆"，
聪慧誉神童。

书籍三万卷，
悉数藏东宫。
引纳众学士，
门下文名盛。
朝析诗词赋，
暮赏序赞论。
天下雅士归，
赏爱无倦容。

齐聚于玄圃，
皇家园林风。
私园卅余亩，

建筑列数栋。
天籁清音馆，
绿荫掩花红。
赏湖明月轩，
静明悦芙蓉。

泛舟后湖洲，
涟漪文思动。
洗笔善泉池，
墨香引蝶蜂。
文采映江南，
四海争服膺。
文学一时盛，
罕见于晋宋。

旷日与经年，
《昭明文选》成。
周代律以降，
名家百余公。
诗文七百余，
璀璨如落英。
文学编总集，
史存第一宗。

梳理文史哲，
区分和归正。
经史与诸子，
不与文学同。
文章选不群，
绮靡六朝风。

文学楼阁起，
独立哲史经。

"事出于沉思"，
情感意趣浓。
"义归乎翰藻，"
辞采须出众。
"文以至载道"，
比喻尽善用。
词藻曰华丽，
典故参玄境。

文选六十卷，
古今叹奇功。
规模何宏大，
垂范百世崇。
天下多美文，
尽收卷与宗。
士子争诵读，
朝夕闻书声。

南梁何所忆？
文化亟昌盛。
商贾吟大雅，
走卒唱国风。
钟嵘撰《诗品》，
诗学有专评。
中华第一部，
煌煌诗之论。

中华诗之国，
吟咏百代从。
"诗话之始祖"，
《诗品》居丰功。
汉魏五言诗，
辉煌胜星空。
百多大诗家，
御浪胜巨鲸。

"干之以风力"，
风骨建楼亭。
"润之以丹采，"
乐之有琴笙。
怨愤须慷慨，
表现竞天工。
"思深而意远"、
细品味无穷。

垂远于百世，
审美知奇正。
沾溉于后人，
鉴诗有座铭。
感荡于心灵，
字行起劲风。
诗之气与节，
蔚然立云松。

天地非陈诗，
何以展其义？
人生非长歌，

何以释其情？
四季相更递，
万物盛衰重。
驰骋以情志，
全蒙气发动。

《诗经》四言体，
大美定准绳。
古来诗评史，
四言视正宗。
汉魏五言诗，
《诗品》予赞评。
摹状及写物，
审美最从容。

尤崇曹子建，
诗学最高峰。
"情兼雅与怨"，
抒怀以取正。
"通体被文质"，
卓尔视不群。
格调奇高古，
才气接天穹。

《诗品》明月升，
千载播光明。
溢境出海外，
万方齐认同。
大和赋汉诗，
和歌竞推崇。

犹如雪山水，
灌溉四域青。

南朝江之东，
文学一时盛。
大儒著名篇，
雅士吟古风。
《世说新语》出，
文坛添繁荣。
笔记小说集，
文史传盛名。

编撰属何人？
宋代刘义庆。
荆州为刺史，
袭封南郡公。
曾任秘书监，
皇家典籍丰。
聪慧及博学，
门下名士众。

新语分三卷，
"政事"与"德行"，
"言语"谙人性，
"文学"及"方正"。
大类三十六，
周列行与论。
短文千二百，
言简而意丰。

概括五百年，
东汉至晋宋。
将相偕名士，
轶事与言行。
长文逾数行，
形貌及才功。
短句三两语，
行为见心旌。

精炼言含蓄，
传神语隽永。
性格崇独特，
跃然出卷宗。
"面目出气韵，
恍然见生动，
简约化玄澹，
当真致不穷。"

风尚崇玄谈，
士人慨然同。
物质不屑语，
精神境界升。
执彼春秋笔，
描绘晋人形。
始知金难换，
谔谔万夫雄。

5、（前 3 左 1，退 1 左 4，退 1 左 1，前 3 右 1……）
公元前 210 年 11 月，秦朝，始皇 37 年，金陵

始皇车马行，
辚辚至金陵。
秋高气始爽，
水净波乃平。
三千御林军，
驰道护驾乘。
远眺何所见？
方士勒马停。

隐隐帝王气，
氤氲山川生。
田园复锦绣，
卧虎与藏龙。
远看有方山，
山体呈矩形。
孤耸顶似削，
天印传其名。

方士气色变，
始皇心中惊。
金陵天子气，
浑然犹天成。
路边访宿儒，
志书记载丰。
昔日楚灭越，
埋金石头城。

霸主楚威王，
惧此王气盛。

押金以镇之，
不令天放纵。
秦室身边榻，
岂容虎养成？
始皇三降令，
巫术名厌胜。

一凿方山脉，
破坏大环境。
挥鞭击危岩，
破壁引山崩。
截断石碗山，
平吞起长垅。
方士演祭祀，
鬼神齐现形。

二令河改道，
莫许隐蛟龙。
浩浩"藏龙浦"，
骤然穿古城。
更名秦淮河，
千载流精英。
浪卷珍珠去，
王气泄难盈。

三令城改名，
不准号金陵。
军马备粮草，
从此称秣陵。
输我风水债，

更我古都容。
东巡车队去，
帝王心乃宁。

山川易改颜，
难移是本性。
夫观彼巨擘，
大略称英雄。
皆遵度轨乎，
莫不顺号令。
去别未及月，
可怜始皇薨。

沙丘月还在，
何处觅行宫？
遗书藏袖日，
帝国危机生。
谋略平天下，
翻车于后宫。
胡亥登基日，
扶苏殒长城。

周朝八百年，
亡于君手中。
秦不过二世，
耳畔有谤声。
长者长之久，
短者短之匆。
长短自有时，
命运殊不同。

反观金陵府，
千载称南京。
建邺金粉地，
十朝迎政躬。
不因恶而贬，
不以喜而崇。
王来帝亦往，
皇祚安尊荣。

君不见姬昌，
拘而演易经。
尊彼伏羲氏，
先天易之宗。
兼崇神农氏，
连山易之盟。
仰承轩辕氏，
归藏易之功。

钻研与演绎，
六十四卦成。
对应世间像，
参悟与变通。
三百八十四，
爻象喻意正。
卦辞和爻辞，
深邃胜东溟。

世之谓周易，
阴阳变莫名。

夫之谓周易，
天书意无穷。
世界分多维，
人间难循踪。
建构和解构，
密码是易经。

"太极生两仪"，
万物乃化生。
"两仪生四象，"
阴阳分不同。
"四象生八卦，
八卦定吉凶。"
天地立道义，
混沌始分明。

大哉伏、神、轩，
壮哉易世容。
慧眼识多维，
超脱民与众。
占卜知未来，
运算晓枯荣。
思接千载古，
视通百代穷。

惜哉始皇帝，
三维称枭雄。
凡夫限耳目，
举措受掣封。
任君多智谋，

兵马破竹行。
铁骑扫中原，
指日九州同。

四维加五维，
空间互连通。
眼花尽缭乱，
炫目更蒙瞳。
骊山帝陵深，
难解迷重重。
可怜鱼池水，
花盛寒更浓。

六国君可平，
反掌毁誓盟。
多维君不识，
目眚耳失聪。
一意逞孤行，
见识受闭封。
惜哉始皇帝，
一隅称英雄。

皇辇扬尘远，
世界入大同。
万物有局限，
认知亦囊空。
始信众贤达，
世事皆洞明。
吾侪读书郎，
无异于鱼虫。

6、（前 7 左 2，退 6 左 1，退 3 左 3，前 1 右 5……）

公元 2521 年 11 月，元宇宙，南京

须臾五百年，
另眼看南京。
龙蟠钟山麓，
虎踞鬼脸城。
秦淮水滔滔，
寺外柳青青。
雁群争南飞，
桂香盈门庭。

威严玄武门，
城北立重镇。
大湖隐其后，
主水于五行。
介虫之王侯，
龟蛇显神灵。
傲然御风雪，
凛寒城外屏。

又北十五里，
幕府山峥嵘。
其上满松柏，
巨石多嶒峻。
奇洞十二台，
幻象殊不同。
达摩打坐处，

光晕映星空。

其下多玉石，
洁白如棉绒。
山下大江流，
奔腾贯西东。
群鱼竞升降，
至此化蛟龙。
江心数叶舟，
丝竹乘长风。

又北二十里，
老山悬云空。
仰高数百丈，
森林郁葱葱。
万亩绿荫下，
猛鹗戏鱼虫。
其上多槐栎，
獐狸出没中。

其下满芳菲，
湖光映葱茏。
山岚消解处，
绿荫分外浓。
珍珠扑簌落，
温泉百里生。
银杏千年古，
惠济寺前钟。

又北二十里，

灵光射苍穹。
有山名灵岩，
锦绣叠重重。
大化至六合，
流金复彩铜。
雨花变彩石，
星斗射霓虹。

忽迎飞碟至，
徐徐降半空。
生物多奇特，
幻化且异形。
"其音如婴儿，"
"如鯈而赤麟。"
聪慧至无双，
诲人以玄空。

往来皆异客，
外星传文明。
莫不称先进，
莫不叹新颖。
网络运旅客，
须臾万里行。
银河任来去，
移民去火星。

今世千种病，
彼时无影踪。
升空与入海，
身健体轻盈。

回首望历史，
恍然一场梦。
老山山不老，
岁岁鉴枯荣。

城东十五里，
大山入云空。
晚霞映紫金，
辉煌不可名。
"其上多金玉，"
辉光射星宫。
气盛不可抑，
卧虎又藏龙。

其下有古刹，
灵谷掩奇松。
历史千爿影，
片石百熔融。
林深鸟语幽，
山静闻泉踪。
最宜闲打坐，
残碣对孤僧。

又东十五里，
栖霞三茅峰。
五王十四帝，
驻跸赏赤枫。
又东二十里，
宝华黄花浓。
山岚环绕起，

森林郁葱葱。

又东二十里，
有山名青龙。
迂回又曲折，
通体蟹壳青。
夜深龙探珠，
不威气自雄。
其下有巨龟，
夤夜对月鸣。

其下有码头，
旅行去外星。
游客排长队，
宇宙任纵横。
"月球一周游"，
"火星全航程"。
银河系探险，
仙女星系行。

多群外星人，
谈笑话语轻。
全息投图像，
悬浮半空中。
手语加灯语，
聚情对离情。
瞬间飞船起，
消失外太空。

城南三十里，

牛首峙双峰。
景色尤壮观，
双阙乃天成。
其上多清泉，
佛教尊禅宗。
山间多佛窟，
飘渺胜仙境。

又南约十里，
将军山纵横。
苍翠映满目，
四面环山岭。
其上泉水汇，
湖水碧盈盈。
白鹭展翅飞，
晚霞掩山亭。

时空忽开放，
古人重入镜。
谈笑风生起，
顾盼皆自雄。
无数自动梯，
上下缓运行。
历史不交错，
各自携一程。

始见东晋人，
快意度一生。
清谈入迷时，
载歌载舞迎。

烟云接水气，
麈尾舞晚风。
风流且自赏，
谈理复谈经。

吟哦犹在耳，
东吴号音升。
大帝通阴阳，
年号称黄龙。
甲士逾万人，
夷洲海上征。
华夏抚台湾，
巨鼎始勒铭。

肉眼难察觉，
世界有多重。
平行宇宙在，
各自行西东。
惜哉三维君，
可怜一双瞳。
视野限制多，
洞察始未能。

分明千古在，
伴君度一生。
自动梯升降，
生息总无穷。
此生仅百年，
此"遇"千世逢。
毗君赋诗时，

深浅孰几重？

初作于 2021 年 7 月
收尾于 2022 年 7 月 2 日
匡之写于南京秦淮河畔

深浅孰几重？

古城墙

金陵古城垣，
座落山水前。
宏伟世无双，
环宇难比肩。
大城立天地，
民居簇宫殿。
黛瓦铺百里，
繁华不胜言。

金陵古城墙，
聚宝天地间。
民心兮汇集，
财富兮堆尖。
俯瞰古城墙，
一副青玉环。
冬夏闻龙吟，
春秋一抹烟。

1、古城史

春秋三城—战国两城—秦汉秣陵城—孙吴建邺城
—六朝建康城——南唐江宁府—南宋建康城

南京城墙古，
两千六百年。
肇始乎春秋，

兴建乎秦汉。
六合有棠邑，
吴楚竞刀剑。
城头换王旗，
墙外铁骑喧。

高淳濑渚邑，
座落大湖边。
固城湖水清，
晚霞映千帆。
城阔六十丈，
坚固如巨磐。
内外分两重，
吴旗舞翩翩。

南京有冶城，
城西筑土山。
夫差铸兵器，
规模称空前。
西南铜锡铝，
物产不可限。
冶炉近百座，
烈焰卷浓烟。

风箱连日响，
锤跕昼夜喧。
铜戈与战斧，
青铜剑与鞭。
日过午时斜，
工匠忙换班。

冶城垂青史，
城垣溯正源。

战国有两城，
越城筑于前。
城南长干里，
范蠡主营监。
“二里八十步”，
城周兜一圈。
南倚雨花台，
北邻秦淮岸。

远敌楚精锐，
屯兵可万千。
越城功至伟，
力控江东南。
铁骑横扫荡，
劲旅长攻坚。
无奈越城墙，
碰壁人不还。

大哉金陵邑，
图谋天下篇。
显赫楚威王，
吞越取江南。
压胜以埋金，
金陵盛名传。
巨城矗石山，
壁立倚天堑。

易守而难攻，
铁骑无功还。
"扼江而控淮"，
千里无狼烟。
潮打寂寞回，
旧月淮水边。
楚旗连天际，
诸侯揖帝冠。

寿春沦陷日，
屈原沉江汉。
金陵天子气，
秦皇心中惮。
金陵改秣陵，
贬为草料关。
可怜圣驾崩，
咸阳迎不还。

秣陵城依在，
紫光何斑斓。
秦不过二世，
统一十五年。
楚虽遗三户，
亡秦必楚男。
人去城尚存，
曲尽拂新弦。

孙吴建邺城，
焕然绽新颜。
周围二十里，

盛况实空前。
子罗二重城，
繁华不夜天。
秣陵改建邺，
历史开新篇。

正南宣阳门，
距河五里前。
巍峨太初宫，
天低云霞鲜。
周回五百丈，
壮丽复森严。
東西膠葛兮，
南北崢嶸玄。

宫城占都城，
史记一比三。
宫前驰道长，
七里至河沿。
路平且矢直，
署营布两边。
青槐映绿水，
玄蔭眈清泉。

大市与东市，
射利财巨万。
轻舆经隧路，
楼船过肆前。
方舟唱棹响，
商贾丈绸缎。

水乡流锦绣，
器用逾万端。

横塘皆大户，
豪门聚长干。
缔交何翩翩，
冠盖遮云天。
飞觞以举白，
挥墨动书坛。
珠履弃射壶，
大族居城南。

六朝建康城，
土城外包砖。
焕然逞一新，
卓尔成不凡。
增辟九城门，
人口超百万。
世界第一城，
体量几翻番。

辉煌建康宫，
存世三百年。
国势入极盛，
使节参銮轩。
门楼建三层，
玉石镶古檀。
巍峨太极殿，
面阔十三间。

佛寺五百余，
遍布岭与山。
苑囿十余处，
游客竟摩肩。
城阔四十里，
入夜胜星汉。
墙坚市场稳，
民静心始安。

南唐江宁府，
盛世治江南。
辖州三十五，
横越苏皖赣。
科举兴太学，
广设书画院。
大城文化盛，
街巷吟诗篇。

聪慧李后主，
才艺恃双全。
绮丽复柔靡，
疏宕压花间。
文驰汉魏风，
书画极精妍。
轻哉城与池，
重哉词及禅。

南宋建康城，
距今九百年。
周长廿五里，

重修逾四遍。
北界北门桥，
东界九华山。
南界建初寺，
西界乌龙潭。

城墙环四周，
宛若巨龙盘。
墙高两丈五，
旌旗入云端。
墙与壕相伴，
羊马居墙间。
宽约四丈一，
牲畜可匿潜。

城墙何坦坦，
武士如行川。
上宽两丈五，
叱马长驱前。
下宽三丈五，
稳健不可撼。
大城美如此，
星空金陵垣。

2、城砖精美

世纪工程—3.5亿巨砖—责任人制

—上乘质量—精美铭文—巨龙之鳞

伟哉明城墙，
天诞殊不凡。
图样拓天庭，
星空布人间。
随势布阵局，
依据湖河山。
天人合为一，
完美难胜言。

粮秣须广积，
称王待从缓。
大墙宜高筑，
巩固国之元。
本我江南土，
建我天地栏。
壮我大明威，
保我永平安。

太祖朱元璋，
定都于应天。
修城七十里，
都城围一圈。
北有后湖屏，
南接秦淮畔。
东倚钟山麓，
西与石城联。

江湖输屏障，
山川襄利便。
世间第一城，

规模堪空前。
大计既入选，
关键在城砖。
须承万钧重，
力御雷雨电。

纵使胶泥土，
须胜花岗岩。
太祖传谕旨，
朝廷总动员。
一部加三卫，
五省卅七府，
州县百六二，
举国制城砖。

砖宽六寸五，
长度一尺三。
厚达三寸七，
赫然青玉函。
巨砖一若此，
非城不敢攀。
净重四十斤，
块砖擎青天。

窑火通宵明，
江南不夜天。
五省齐联手，
苏皖湘鄂赣。
工兵农并举，
单位逾两千。

劳力不胜数，
砖窑已过万。

取彼粘性土，
晾晒逾半年。
粉碎复筛选，
加水反复翻。
或借牛力践，
炼泥更稠粘。
细腻无洞眼，
柔韧胜面团。

置泥木框内，
戛击令满圆。
手持铁线弓，
裁切体态端。
移坯凉棚下，
通风促阴干。
七日取木板，
压平压实坚。

又阴数十日，
装窑若祭坛。
麦草与松枝，
窑口似朱炎。
焙烧经月余，
坯体俱登仙。
土封通气孔，
转锈成青砖。

大砖甫出世，
方正露斯颜。
材质胜古铜，
色泽透青蓝。
叩之发清声，
如磬伴丝弦。
三五或选一，
入围必高端。

为防徇私情，
太祖治官严。
南人官北疆，
北人官江南。
太祖降旨意，
专责各承担。
九级责任人，
工匠及官员。

镌名城砖侧，
一目可了然：
此砖出何地，
何人责在肩。
首当其要冲，
府县提调官。
府县两司吏，
姓名随后添。

总甲与甲首，
小甲及窑匠，
造砖人夫众，

一并列名单。
多至十七人，
镌名一块砖。
敢不毕其力？
敢不为人先？

铭文多楷书，
方正发榜单。
魏碑和行书，
精美有小篆。
数字及符号，
吉语"万万年。"
城砖资料库，
天地永续传。

"物勒工名"制，
质量得保全。
匠心独应运，
大城基石坚。
各省尽其能，
确保品质关。
宁可锦添花，
莫使心藏奸。

江西袁州府，
运砖至应天。
船篷敞开日，
全城齐惊艳。
白砖美如玉，
秀色冲霄汉。

取彼高岭土，
成就磁城砖。

棱角齐分明，
铭文字娟妍。
质地尤坚硬，
雨水莫能撼。
置彼城墙内，
墙体尤稳健。
栉风三千里，
沐雨六百年。

提调官隋赟，
美誉天下传。
原职正六品，
袁州府通判。
官擢升六级，
月俸卅五石。
广东巡察使，
正三品官衔。

城南天界寺，
香火接云烟。
总辖天下寺，
僧尼与寺观。
太祖撰寺名，
慷慨赏良田。
一百又五顷，
富甲一方天。

按此制砖律，
　无人可赋闲。
一顷一徭役，
　百僧责任担。
可怜礼佛手，
　搬重分外难。
劳累加病伤，
　苦力尤不堪。

主持行椿忧，
　率僧叩阶前。
田契逾百顷，
　悉数求归还。
太祖知其难，
　劳役不均摊。
豁免天界寺，
　一心专参禅。

"天界寺"铭文，
　今日犹新鲜。
兵燹无终日，
　历经六百年。
我心诵我佛，
　心安佛亦安。
佑我南京城，
　一尊定东南。

一声敕令下，
　长江往返船。
凡往南京去，

须捎成品砖。
厉行砖票制，
港口盘查严。
无票即治罪，
保障供应源。

举国制城砖，
官民齐争先。
专职又专责，
官吏逾数千。
军士二十万，
效率胜攻坚。
百姓过百万，
村村窑举烟。

城墙七十里，
潜龙行蜿蜒。
城砖三亿五，
龙鳞映星汉。
天下第一城，
绝非普通砖。
块块赛青玉，
屹立六百年。

3、明城门重重

十三城门巡礼—聚宝门
—通济门—四通八达—天地祥瑞

金陵明城门，
奇迹存世间。
古门十三座，
东北共西南。
出城稻浪迎，
极目天地宽。
入城繁华地，
唱棹转毂喧。

城北门四座，
钟阜与金川。
神策门居中，
太平偏东南。
北屏扬子江，
近扼幕府山。
四门卫玄武，
龟蛇佑平安。

"门栓朝外插"，
神策门奇观。
利用山势险，
瓮城设外面。
唯一外瓮城，
唯一双门洞。
宰相刘伯温，
堪舆主营建。

主城门拱券，
城门各两扇。

门后有石槽，
御敌藏机关。
千斤闸升降，
一夫可当关。
万夫莫能开，
镝楼箭如电。

城东朝阳门，
独立姿俨然。
一览万树低，
晨曦敷斑斓。
门内宫殿群，
金光映蓝天。
墙高门深邃，
大明新政权。

四方东为首，
青龙尤庄严。
遥应伏羲氏，
富贵莫能言。
幽深护城河，
盛夏彻骨寒。
镝楼入云天，
一门定东南。

南方三城门，
赫赫威名传。
堂堂正阳门，
皇城中轴线。
内外建瓮城，

无双于世间。
城门共五道，
内外防守严。

正门为御道，
帝辇出金銮。
奔驰玉狻猊，
两服加四骖。
外国使者入，
鱼贯复流连。
朝觐后顾盼，
门前久观瞻。

国门此谓之，
举目落青鸢。
征战军旅出，
庆功英雄还。
九州颂其名，
八方慕其颜。
出入建功业，
不枉天地宽。

城南第二门，
世界称顶巅。
煌煌通济门，
天廷降人间。
位置尤重要，
南京城之咽。
东北护皇宫，
西南佑市廛。

登城有马道，
长驱入云端。
三重内瓮城，
造型胜福船。
收敛如鱼腹，
结构尤浩繁。
内外秦淮河，
扼守分界前。

周长二百丈，
瓮城何壮观。
条石交错砌，
如山莫能撼。
同舟可共济，
谐音誓云天。
城有门如此，
仇雠心中寒。

恢宏聚宝门，
城南门之三。
长宽四十丈，
廿三亩方圆。
拔地轰然起，
雄视人世间。
舍我其谁焉？
堪膺此桂冠。

东西设马道，
畜力运弩箭。

道宽一丈余，
策马可并辕。
道长廿六丈，
直升城门巅。
将军鞍上怒，
敌胆城外寒。

歇山顶镝楼，
瓦筒三重檐。
巨型长条石，
基础筑牢坚。
遍体密密砌，
优质青城砖。
巍然出平地，
龙首视眈眈。

瓮城共三层，
防卫尤森严。
城门设四道，
巨门各两扇。
门后千斤闸，
关闭顷刻间。
通道为之断，
犯寇进退难。

城门藏兵洞，
十四加十三。
瓮城及马道，
屯兵逾三千。
外看无影踪，

轻敌入阱渊。
骤然锋芒举，
战局瞬变天。

城西设五门，
五爪巧连环。
镇摄西白虎，
收功千色旆。
巍峨三山门，
坐拥西水关。
水路出入城，
晨夕过千帆。

商旅繁辏地，
秦淮内外穿。
明初十六楼，
"鹤鸣"与"醉仙"。
酒香弦乐远，
"翠柳"并"轻烟"。
经此三山门，
繁华满眼前。

近看卫戍军，
操练与换班。
瓮城鱼腹型，
层次计有三。
登城舒望眼，
南矗三座山。
下水可濯足，
船首栖双鸳。

古老石城门，
金陵之喉咽。
兵家必争地，
超然属不凡。
君王南北行，
出城登船舷。
昔日东吴亡，
一路出降幡。

门内有长街，
直与通济联。
街长七八里，
商铺夹两边。
路石方且厚，
密铺万万千。
民捐石凡几，
国子监生员。

黎明车隆隆，
运输如流川。
柴薪共布匹，
米面与糖盐。
皇室纳贡品，
民居选鱼鲜。
正午车流止，
石街声息潜。

巍巍清凉门，
坐落清凉山。

一门一瓮城，
瓮城呈半圆。
桥梁跨秦淮，
直达河西边。
书院诵读声，
挂满千叶帆。

秦淮有水患，
恣肆漫良田。
遂建定淮门，
平定涝与湮。
门高近三丈，
门框两丈宽。
上有石拱券，
复以拱券砖。

门前三汊河，
云海集大船。
三水交汇处，
万人齐争先。
入城何熙熙，
出城何攒攒。
水路大码头，
届此可登天。

门外有胜地，
皇家示威权。
六省制船厂，
皆往此处迁。
龙江宝船厂，

拔地欲参天。
世间属最大，
宝船驰湛蓝。

恢宏仪凤门，
坐落两山间。
北望"狮子"舞，
南看"绣球"鲜。
城下建水洞，
方便驶舟船。
有凤来仪兮，
江南嗅如兰。

城门十三座，
团团拥应天。
晨星十三颗，
灿烂映人间。
月落日又升，
暑尽迎新寒。
门闭门复开，
金陵展新颜。

4、大城盘青龙

浩大工程—上优质量—独特粘胶汁
—奇特形制—对应十三星座

严寒雪漫天，
盛夏孤日悬。
古来几多城，
湮芜如轻烟。
碎瓦对断壁，
片墙照残垣。
何如明城墙，
屹立入云天。

城墙本无顶，
披露天地间。
冬经冰雨浸，
夏历烈日煎。
霜雨胜刀斧，
雾霾尤苦酸。
莫待强敌攻，
日久自塌坍。

但看金陵城，
历时六百年。
浑然不觉久，
独傲气自闲。
东西兼南北，
一城定乾元。
岁月如换羽，
凤凰自涅槃。

大哉金陵城，
体量世之冠。
城墙七十里，

写意布方圆。
两骑晨分手，
疾驰一溜烟。
须待黄昏后，
会面箭垛前。

方正建都城，
自古经验传。
金陵弃传统，
格局大更弦。
顺和山脉势，
呼应湖与川。
布局依星象，
全新重开盘。

天庭南斗星，
六星排翩跹。
主宰寿与命，
斗勺指太玄。
北斗七颗星，
舀酒斗柄弯。
指证四季换，
农事不误班。

南斗合北斗，
星宿共十三。
金陵十三门，
对应镶人间。
北斗佑皇宫，

南斗容商圈。
天人乃合一，
神授之皇权。

俯瞰明城墙，
珠串落玉盘。
随手轻放下，
无意取方圆。
东依钟山麓，
西屏石城关。
北围后湖洲，
天时地利全。

全国征民役，
二十单八万。
施工尤苛刻，
几近三十年。
宫室与皇城，
外郭及城垣。
城墙共四重，
东方现奇观。

城高近八丈，
鸟群飞越难。
城厚逾九丈，
墙上马道宽。
垛口一万四，
射手隐不现。
骤然万箭发，
暗地又昏天。

城围九亿亩，
大城何庞然。
街市交与错，
民宅肩摩肩。
黛瓦映粉墙，
斗拱掩雕栏。
豪门次第排，
庭院后花园。

金陵建瓮城，
多筑门内沿。
传统置城外，
内外大变迁。
瓮城藏兵洞，
替补功能全。
数门御强敌，
浑似金门栓。

江南水乡地，
河湖如棋盘。
进出金陵城，
涵闸与水关。
铜铁铸栅棍，
升降号行船。
水位可调节，
至今仍"在编"。

宽阔护城河，
粼粼如深渊。

却敌建奇功，
犯寇勒马还。
河宽数十丈，
丰富供水源。
秦淮与玄武，
青溪及金川。

城墙高且厚，
"基犹巩石磐。"
或借山体势，
墙与石相联。
或挖原生土，
巨石垒铁肩。
或打三丈桩，
圆木横竖盘。

墙基铺条石，
千斤互钩联。
风雨不能移，
岁久益弥坚。
巨砖错缝砌，
土石腹中填。
墙砌梅花丁，
炮火难犯颜。

江南雨水丰，
防水非等闲。
桐油拌石灰，
漫封墙顶端。
两侧明水沟，

排水流潺潺。
石质排水槽，
一泻彩虹牵。

秘方三合土，
名声天下传。
河沙掺黄土，
石灰经焚炼。
拌以糯米汁，
粘性翻几番。
抗震又牢固，
隳坏难上难。

传建聚宝门，
几筑几塌坍。
须借聚宝盆，
埋此镇巨鼋。
太祖传旨意，
借宝沈万三。
巨富可敌国，
财宝天地圈。

沈宅聚宝盆，
神奇不可言。
晚置簪一枚，
晨收满盆簪。
盆埋门深处，
灵光地面穿。
从此聚宝门，
屹立如钟山。

壮哉明城墙，
南京定方圆。
美哉明城墙，
大城何威严。
益哉明城墙，
众生长绵延。
盛哉明城墙，
文明得繁衍。

教士利玛窦，
亲结墙之缘。
叹为观赏止，
礼赞尽盛言。
此城胜万城，
世上数顶尖。
东方有南京，
文明永承传。

夫汝世上人，
瞬息度百年。
一命不复在，
姓名空如烟。
何似砖一块，
长留在世间。
庇风又防寇，
影响倍长远。

大城何所防？
危险只一端：

世人戕同类，
无恶不成欢。
惜哉巨墙高，
悲哉门禁严。
虽付移山力，
难求半世安。

堂皇明城墙，
天地一印鉴。
谁识印之文，
古义胜参禅。
世上万千城，
兴替若连环。
城墙几多景，
诗者意何言？

写于 2022 年 6 月 26 日星期日

六朝繁华

1、城市篇

建康六朝地，
繁华天下知。
大城立中国，
举世无匹敌。
六朝五十帝，
历年三百余。
读史如开石，
满目翡翠辞。

雄据江之南，
精魄贯东西。
方圆数十里，
街闾见曲直。
粉墙映黛瓦，
绿树掩民居。
最喜烟火气，
晚霞炊烟直。

巨贾竞来往，
大宗通货殖。
木材与粮食，
"大泉当千"值。

器用集万端，
商铺密如织。
轻舆犹经隧，
楼船飘过肆。

街市备繁荣，
道路修整齐。
遍植柳与槐，
间种数行橘。
路宽满七丈，
路砖铺立直。
车碾更耐久，
交通无差池。

两侧筑路沟，
六尺宽盈余。
沟深约两尺，
雨天流湍急。
暗沟带拱券，
防脏避垃圾。
供水成系统，
卫生须珍惜。

城中人几许？
百多万盈余。
"廿八万余户，"
史记不容疑。
皇室和军队，
尚不在册籍。
建康何鼎盛，

环宇比云泥。

昔有太初宫，
东吴潜龙栖。
建筑去雕饰，
宫无高玉墀。
方围五百丈，
周边数苑毗。
进香河倒影，
北门桥鸟啼。

复筑建康宫，
规制广晋级。
宫墙列三重，
核心为朝区。
主殿太极殿，
巍峨尽奢靡。
殿高逾八丈，
进深十丈余。

殿长廿七丈，
雄阔天际低。
两翼东西堂，
富丽满珍稀。
瑶窗通光明，
满铺纹锦石。
"冠绝古与今，"
"壮丽企穷极。"

大司马门外，

石阙披虹霓。
神龙与仁虎，
对立扬美髭。
趺座高七尺，
阙高五丈余。
满镌禽与兽，
海内数珍奇。

宫门楼三层，
庙堂高台基。
殿阔十三间，
苑囿数十区。
宫墙分三重，
内外锁玄机。
机构并驻军，
宿舍同聚集。

二重宫墙内，
中央官署居。
中书和尚书，
皇子声吾伊。
宫墙第三重，
三殿同布局。
两侧建翼殿，
天子颁中批。

端门正向南，
牛车辘辘至。
外国众使节，
万方入朝仪。

威猛如百济，
强横高句丽，
入殿有规制，
南边致敬辞。

大和日本国，
五代国王趋。
遣使入建康，
封赐申支持。
西方天竺国，
使者肤如漆。
古贝琉璃壶，
贡品尽瑰奇。

罗马帝国使，
商船泊江矶。
两强互往来，
通贡祝商祺。
象牙与犀角，
璕瑁夜光璧。
予彼丝绸茶，
换君琥珀石。

大秦蜜香纸，
有纹如鱼子。
极香而坚韧，
水渍无损蚀。
献我三万幅，
转赐荆州司。
令抄春秋释，

经传新解集。

扶南诸国王，
遣使入京畿。
史载十多次，
贡献诸珍奇。
珊瑚众佛像，
驯象与"生犀"。
殊方有异兽，
敕令返故居。

有来亦有往，
礼节务周齐。
亦遣六朝使，
回访扶南夷。
紫黄绿纹绫，
各五匹备舆。
回赐扶南王，
世代通允宜。

临春三座阁，
香木取广西。
醇厚复浓郁，
沉檀并花梨。
满饰金和玉，
珠翠间以隙。
每逢微风至，
香气数里弥。

南陈张丽华，

聪慧亦丽姿。
寓第结绮阁，
靓妆临轩居。
遥望若神仙，
众人叹瑰奇。
仙境一若彼，
至此万人迷。

内苑华林园，
历年三百余。
浩瀚玄武湖，
引水天渊池。
东南水潋滟，
入宫绕殿宇。
萦流永回转，
不舍朝与夕。

西北景阳山，
重岩覆深溪。
山路何崎岖，
涧道多盘纡。
高林巨树秀，
悬葛垂萝低。
半山隐华亭，
游者自憩息。

东晋简文帝，
入苑常叹息：
会心不在远，
翳然林水意。

忽悟濠濮间，
悠然之玄思。
自然亲近人，
鸟兽与禽鱼。

或乘鳊鱼舟，
王公与贵戚。
水上赏荷景，
梨园呈水嬉。
覆舟置凌室，
藏冰修礼仪。
曲水可流觞，
杯酒对赋诗。

居民百多万，
攘攘复熙熙。
天下第一城，
英才竞召集。
旅者颂其名，
长老吟其诗。
春华又秋实，
繁华满城池。

先秦百万军，
压境如裂席。
八万北府兵，
淝水御劲敌。
精锐巧回避，
伺机全力击。
敌酋斩马下，

强寇尽披靡。

从此奠基础，
江南稳全局。
北朝生怵惕，
隔江远相持。
南朝战乱少，
经济遂驰驱。
万千北人入，
繁华展新姿。

市场十余处，
船舶万千只。
港口排江河，
装卸争朝夕。
绫罗压绸缎，
果蔬置蚕丝。
马匹兑煤炭，
群羊换舱鱼。

2、文化篇

六朝夸繁华，
文化领全局。
蔚然成大观，
百世仰其时。
宽袍风飘飘，
谈吐无所拘。

挥麈扬洒洒，
思辨最谲奇。

国学开四馆，
建康创先驱。
儒玄和史文，
高深难企及。
鸿儒登讲坛，
天花坠四隅。
清谈多名士，
教授皆大师。

四馆建大学，
才俊竞相至。
名家雷次宗，
讲儒居元耆。
开馆鸡笼山，
众人闻若痴。
南宋宋文帝，
数次亲临席。

渊深史学馆，
何承天主持。
弟子选四海，
馆设鼓楼西。
校书与著述，
点评及校辑。
视野遍秦汉，
功过无漏遗。

陈寿《三国志》，
良史载全局。
帝谓记事简，
嘱补裴松之。
拾遗兼纠错，
补阙为第一。
参史百多种，
内容三倍余。

史料今亡佚，
注文备珍惜。
后人读三国，
必仰裴文辞。
须作正史待，
更从补注析。
还原中华史，
千古之瑛瑜。

范晔《后汉书》，
创新类传记。
名列前四史，
誉满中与西。
公卿少入编，
一介之夫齐。
集美博采长，
洞见灼幽疑。

煌煌前四史，
私人修撰之。
权威不禅让，

气势何肆恣。
复观官修史，
曲笔掩其私。
每每为君讳，
史书几成谜。

鸡笼山东麓，
玄学馆奠基。
大师衔主持，
帝遣何尚之。
辨名与析理，
道本追玄思。
儒术非独尊，
羁绊全消失。

精神无枷锁，
人性驰骊骊。
白马非马也，
君怡天下怡。
立言须玄妙，
雅远以行事。
玄远尽脱胎，
旷达更玄虚。

解放自经学，
"事"、"体"皆远离。
贵无与崇有，
正反辨得失。
人事为根本，
天道为末枝。

哲学尝发挥，
俯仰今与昔。

玄学多名士，
门第配容仪。
聪睿且豁达，
洒脱出尘世。
好学而博闻，
清谈明老易。
一则以求理，
一则以自娱。

蔚然成风气，
谈玄竞方式。
思辨总未已，
抽象人不识。
经学易僵化，
玄学绽新枝。
士人何倜傥，
背影现虹霓。

文学至六朝，
怒放盛花期。
阵容夸豪华，
俊才尝不拘。
六朝文学馆，
亦建鼓楼西。
遥对史学馆，
文史难分离。

谢元任“馆长”，
　文学入瑶池。
　阔步登殿堂，
　国家视台基。
　构篇崇才思，
　辞藻贵珍稀。
　文采若阑珊，
　帝王少赏识。

　六朝诸文士，
　才华无人及。
　兼修文史儒，
　精通赋诗词。
　骈四而俪六，
　辞汇对偶齐。
　声律尤调谐，
　用字皆绮奇。

　大雅久不作，
　六朝此其时。
　美文映霞辉，
　佳诗排珠玑。
　文学有评论，
《诗品》专究诗。
　儿童千字文，
诗文汇总集……

《世说新语》出，
　遗闻和轶事。
“元嘉三大家”，

谢、鲍、颜延之。
才华任绽放，
个性驱狻猊。
鲜活并生动，
艺术破圩堤。

超然且自得，
气韵胜灵芝。
魏晋论风度，
百世尝窥觑。
文重逾泰岳，
物轻似蝼蚁。
个性得张扬，
浪漫不羁縻。

族群何典雅，
自信且积极。
直追真善美，
不屑泣路歧。
建康于世界，
暗夜现晨曦。
几抹鱼肚白，
凤凰鸣于岐。

佛教入六朝，
烟雨濡柳丝。
四百八十寺，
建康香火弥。
菩萨垂西天，
高僧六十四。

佛经多翻译，
深奥入痴迷。

心田若荒漠，
雨水浸有时。
趋善无早迟，
十恶须舍离。
讲经光严殿，
梁武帝主持。
车聚同泰寺，
听者上万余。

笔墨和纸砚，
至此成主局。
竹木与简册，
历史独向隅。
书法灿光辉，
艺术又一枝。
饮茶乃时尚，
茗香天下知。

六朝四大家，
美术臻传奇。
描凤飞上天，
绘龙惊池鱼。
落墨化为蝇，
吴帝挥手驱。
方惊丹青手，
画中乾坤移。

3、经济篇

建康多水系，
江湖与河渠。
水上快速路，
载货胜重舆。
江面何坦坦，
扬子横东西。
物资集与散，
天然聚宝池。

贡使及商旅，
方舟万桅集。
交通亟便捷，
帆满船影疾。
输我异香料，
象牙压舷低。
载彼茶叶桶，
炫目云锦丝。

建康造船业，
率尔掣先机。
舟载二万斛，
往来如飞鱼。
战舰名鹘舡，
进退似电击。
舰侧八十棹，
鼓响棹声齐。

江南种桑林，
翠绿遍野植。
蚕户逾万千，
产茧输织机。
北民多南下，
技艺传四夷。
皇家众织匠，
建康竞传奇。

锦署设河畔，
城南斗场寺。
坊间拥巨匠，
生产弥高级。
"尚方今造物，
小民明睥睨。
宫中朝制衣，
庶家晚裁伊。"

黄蓝绿青赤，
绫罗绸缎呢。
贵族衣灿烂，
豪门映虹霓。
俊男穿烟栗，
少女摇香缇。
分明是神仙，
人间难觑觎。

扶南和林邑，
贡使年年至。
载来夜明珠，

蜴去茶绸瓷。
沉香并雀翠，
五色鹦鹉啼。
玳瑁如巨桌，
金银铜铁锡。

千百昆仑舶，
建康江面栖。
船长廿余丈，
舱高三丈及。
载人六七百，
“物出万斛余”。
购入酒糖纸，
茶香沾满衣。

皇室皆富贵，
士族亦膏腴。
南梁人江禄，
财产多世袭。
悬钱于墙壁，
壁倒不堪支。
萧宏存钱库，
三十余库室。

南齐东昏侯，
三百射雉区。
帷帐接步障，
赤绿锦缎置。
金银镂弩牙，
瑇瑁帖箭躯。

南齐萧太子，
翎毛织裘衣。

羊侃"性豪侈"，
两船驮三室。
水斋通横梁，
锦缋饰珠玉。
通宵以达旦，
盛丽设筵席。
器皆玉金觥，
宾客三百余。

贵妃潘玉儿，
宠爱至奢靡。
步步金莲花，
"宝屟千万直"。
天竺玻璃镜，
百万贯价值。
素手琥珀钏，
百多万购置。

国家课关税，
库室亦充裕。
河口石头津，
上游拦船只。
城东方山津，
破冈渎布局。
粮食与物资，
关税十抽一。

秦淮河上下，
沿途设官司。
大市建初寺，
小市十多余。
朝廷征市税，
差人估价值。
小舟数十文，
艨艟钱百箕。

货卖马牛羊，
田宅与奴婢。
买卖有文券，
税率见统一。
一万税四百，
缴纳须当时。
卖者付三百，
一百买者支。

货品无文券，
随物堪价值。
百分亦收四，
散估入毫厘。
宋齐及梁陈，
如此以为习。
世人竞商贩，
田业不为期。

佛教入建康，
寺庙遍城池。
香火旺盛处，

交易鼎沸区。
湘宫寺前草，
居民锅下萁。
耆阇寺前纱，
百姓身上衣。

东晋重士族，
宗室弄权宜。
官宦皆子弟，
大户自肥脾。
三公出豪门，
权柄尽把持。
往来止权贵，
出入携九司。

齐陈多变革，
寒门位高居。
竞相拜三公，
寒人掌枢机。
舍人方七品，
权柄猛如狮。
"宁拒至尊敕，
不违舍人意。"

土断十多巡，
南朝大检籍。
通力倡节俭，
厘清名与实。
流民奖垦荒，
休养得生息。

荒年常平仓，
施粥与济食。

建康绿荫深，
满目景色怡。
遍植槐与柳，
风度何顾顾。
钟山松柏邻，
阆苑桃李毗。
嘉树结珍果，
翠竹发新枝。

士族享奢华，
推及至美食。
追求鉴与赏，
耻于单纯"吃"。
米饭尝一箸，
便知柴品质。
谓是劳薪炊，
车脚充柴棘。

食盐辨新老，
啖鹅毛色知。
或晓动与静，
象箸试品鸡。
蔡漠晋司徒，
螃蟹认蟛蜞。
谢尚讥讽之，
智力或残疾。

六朝何所忆？
美酒列第一。
帝王宴将相，
文人餔雅士。
对举夜光杯，
畅饮心欢愉。
多少困苦情，
且做身外寄。

田园陶渊明，
"造饮必尽悉"。
壁空一如洗，
樽满万念怡。
友遗两万钱，
悉送酒家持。
随时可沽酒，
兴来闲赋诗。

朱桓大将军，
托病还故里。
半酣求君王，
"一捋陛下须"。
吴帝微颔首，
"臣真捋虎须"。
君臣对视笑，
酒力助胆识。

"轻轩酌绿醽"，
酒液春意迷。
苍梧九酿酒，

缥清出广西。
酝醴京口酒，
彪悍北府师。
乌程箬下酒，
醇美胜于伊。

耳杯端两侧，
双手平合什。
举杯酒入口，
优雅更解颐。
银碗鹦鹉螺，
青瓷磨玻璃。
酒美器尤佳，
忘情恰此时。

壮哉金陵邑，
英名天下知。
伟哉建康城，
序然从金鞏。
大城立世界，
民生甫安息。
六朝相更替，
繁盛富难敌。

4、人物篇

大美建康城，
人望此间居。
翩然胜仙境，

雅望有丰姿。
前后历六朝，
三百年有余。
人物皆神韵，
生动见眉须。

孙权吴大帝，
征战无人敌。
一统江之南，
千里如卷席。
麾下满俊秀，
张昭与周瑜。
赤壁取大胜，
屯田宽赋息。

拓辟海航线，
长江口北趋。
江左至辽东，
通使与贸籴。
载去纺织品，
蚕桑及吴丝。
交换牛羊群，
马匹与貂皮。

航线何繁忙，
棹楫晨与夕。
群帆映彩霞，
遥访高句丽。
船远视野阔，
海上览神奇。

征战虽收益，
于商却不及。

萧衍梁武帝，
律己严不疲。
一冠戴三年，
一被二载替。
素食蔬与豆，
女色尤远离。
住所环云气，
路者唯恭祈。

国子监讲学，
策试亲主持。
钦命众名儒，
重订五礼仪。
吉凶军宾嘉，
集卷上千余。
穆穆且恂恂，
礼节人皆知。

不满《汉书》史，
断代纪传体。
《通史》六百卷，
"躬制并赞序"。
史学开先河，
鼎新史基石。
"我造《通史》成，
众史可废矣。"

敬佛勤礼赞，
精研常修习。
四脱帝王袍，
换披僧人衣。
舍身同泰寺，
四次赎尘世。
赎金或数亿，
寺库何丰腴。

南朝五百寺，
春风度柳丝。
佛在众人心，
心满意宽颐。
帝迎达摩入，
帝遣祖师辞。
一句无功德，
扰乱帝所思。

博学善音律，
千赋而百诗。
东飞伯劳歌，
传唱遍里闾。
帝撰七言诗，
平仄韵互易。
抑扬兮起伏，
独创为先驱。

百济王遣使，
结盟抗高丽。
求赐《涅槃经》，

义疏及经籍。
所求皆允准，
满载船舷低。
《毛诗》众博士，
工匠与画师。

建康多名士，
学者如云集。
数学与天文，
首推祖冲之。
任职总明观，
复履校尉职。
一生发明多，
长天巨星熹。

《缀术》共五卷，
深奥尤精密。
推演"开差幂"，
穷尽"开差立"。
数学献杰作，
抽象与逻辑。
远传东北亚，
高深莫能及。

苦研圆周率，
精确入丝厘。
环宇第一人，
圆周八位值。
盈数和朒数，
"一忽"是距离。

密率和约率，
通称为"祖率"。

重造指南车，
精铜制样机。
山野随意走，
方向指不移。
"千里船"疾走，
"木牛流马"驰。
乡间水碓磨，
千年磨不息。

时行"元嘉历"，
谬误多差池。
日月差三度，
五星误月余。
编撰《大明历》，
岁差得消弥。
推算回归年，
精确胜天乩。

东晋有王导，
定国以重器。
权倾河之南，
万士仰鼻息。
初至江之左，
联姻欲借势。
请婚于陆玩，
吴郡世辇舆。

世家与大族，
儒雅重礼仪。
美名如丽羽，
灿烂倍珍惜。
"培塿无松柏，
薰莸不同器"。
名士拒攀亲，
豪门竟不与。

筵席规制高，
京城群贤至。
名菜"牛心炙"，
主人敬末席。
满堂贵宾惊，
王旷之虎子。
年方十三岁，
少年王羲之。

太尉名郗鉴，
求婿丞相邸。
王家诸郎君，
"咸自守矜持。"
一郎卧东床，
坦腹兀自食。
宾至如不闻，
超然出尘世。

太尉喜击掌，
心仪好快婿。
访知王羲之，

虚岁整二十。
进出乌衣巷，
逸少逞天姿。
飘如游云过，
矫若惊云螭。

永和九年春，
文人咸雅集。
兰亭正修禊，
饮酒汇诗集。
何君来作序？
众望皆不疑。
潇洒王右军，
坐镇居第一。

篇章何飘逸，
字字落珠玑。
神韵浑天成，
潇洒映丹曦。
"行书第一帖"，
千古不可逾。
万人仰其名，
倾倒如醉痴。

雪霁月朗夜，
饮酒咏诗时。
忽然念戴逵，
乘舟夜访之。
山阴至剡县，
"经宿舟方至"。

临门竟不入，
子猷命去离。

船夫或有问，
子猷语出奇：
"何必见戴兮"？
此行已溢值。
"乘兴而行之，
兴尽而返之"。
任性且放诞，
不求天下识。

性情箇中人，
狂傲全不羁。
个性唯张扬，
意念逐族旗。
人生纵百年，
电光及火石。
才艺世无双，
自我何秀顾。

画界群英会，
落落出大师。
"迁想兮妙得"，
晋陵顾恺之。
才画艺三绝，
浪漫孕神奇。
以形传风韵，
鬼神泣向隅。

巨制洛神赋，
凌波展风姿。
相赠解玉佩，
潜渊指为期。
六龙驾云车，
诸神相与嬉。
人神虽殊途，
眷念恨无期。

城南东水关，
一水曰青溪。
徽之赴京师，
舟泊青溪西。
停舟为爱乐，
闻笛邀桓伊。
巨擘受邀来，
径吹柯亭笛。

《三调》曲声起，
万鸟转鸣息。
客主无一语，
曲终抽身去。
地名"邀笛步"，
音律千古遗。
邂逅成佳话，
知音惟叹息。

岁月何垂垂，
家园复萋萋。
建康几易名，

故都多厚积。
一千六百年，
叶黄又生荑。
历史一长河，
何处邀长笛？

匡之写于秦淮河畔

南京龙江

2022 年 8 月 22 日

故都多厚积。

咏大树--七十造像

年轮七十圈，
树冠参云天。
枝如虬龙舞，
叶似翠玉盘。

朝迎晨曦立，
暮枕晚霞眠。
收放从心意，
舒展流云烟。

春来万丛绿，
夏似碧云悬。
秋叶红于火，
冬如巨龙蜷。

树荫五亩地，
葱茏御暑寒。
自成一世界，
默对沧桑变。

枯荣世上事，
古今树下禅。
静观风云起，
霜雪莫能撼。

坦荡一如君，

身心无遮拦。
时有飓风起，
根深佑平安。

博览遂神清，
自在致气闲。
冷眼富与贵，
淡看神和仙。

冰川封有期，
大地暖如前。
高探乾坤外，
直腰天地间。

年轮七十圈，
心智天地宽。
夕阳铄金叶，
有限知无限。

匡之吟于南京龙江
2019/03

乙未羊年春节有感

钟山冬意凉，
寒梅漏夜香。
一条乙未绳，
吉羊牵成行。
沃雪肥苜蓿，
新雨湿麻桑。
心系双马驹，
刈草须盈"筐"。

2015 年 2 月

吟于金陵龙江

秦淮河畔

新年感怀

清晨闻鸡鸣，
灵谷声声应。
秦淮酣畅流，
龙江船队行。

一燕飞吴越，
涅槃一重重。
不觉鬓如霜，
时局仍如梦。

乌啼兮星落，
晨曦兮日升。
鸡鸣寄心愿：
满目皆光明。

匡之丁酉年元月吟于金陵河西龙江
微信发于苏州园区东港

新年抒怀

——吟雪

昨宵雨雪卷龙江，
夜如白昼映沧桑。
春秋七国影如银，
秦淮蜿蜒百里长。
漫言凿渠泄王气，
吴楚无语怼秦皇。
雪纸树字千万顷，
几多思辨好文章。

2018/01/05

齐匡之于南京龙江

新年戏谑

——时兴"相手术"

国人尽嗜"相手术"，
俯首举掌昼夜读。
亢奋颓唐破涕笑，
沉湎入迷失声哭。
身前景物多无视，
天涯海角竞购物。
掌心手机知天下，
博览胜读十年书。

2018/01/19

齐匡之于南京龙江

新年咏怀

——雾霾

雾霾锁城更锁心，
奈何世界多混沌。
针锋相对恶欺善，
瞒天过海假亦真。
阴影未散霾又来，
浩劫尚在伤益深。
是非大白终有时，
可怜几多蒙眼人。

齐匡之于南京龙江

2018/01/23

七十抒怀

风翻日历两万余，

世界于我已古稀。

身手进退捷变缓，

世事明暗瞒与知。

天低吴楚贤而拙，

水走秦淮曲亦直。

忽闻卫星入荧惑，

瞬返童话与幼稚。

注：古称火星为荧惑星。

匡之吟于南京龙江

上网传友于苏州金鸡湖畔诺富特酒店

2019/02

新年随想

风云喧嚣壁上观，
一元复始天地宽。
己亥肉贵囊中羞，
暖冬心寒江底干。
尺满七寻量深浅，
书装半车知易难。
世间崎岖杯水平，
盏底茶品几分鲜？

匡之记于龙江
2020 年元旦庚子春节有感

庚子春节有感

----闻南京评为世界文学之都

偶闻南京又封都，
城上王旗自卷舒。
十朝帝京瓦砾在，
细看无一是匍匐。
书架阑珊无剩几，
三观悬异世界殊。
笔杆脊梁争竖起，
金线十万映孤独。

匡之写于南京龙江
2020 年元月，春节

夜醒

----庚子春节有感之二

年酒初醒夜雨奢，

犹闻上游楚人咳。

万路封断防厉疫，

千镇闭户停舟车。

蝠飞蜥走喜庆物，

无端移入野味锅。

夜深雨寒人不眠，

忍看史书著墨多。

匡之记于南京龙江

庚子正月初三丑时

昨夜秦淮雨如丝

昨夜秦淮雨如丝，
春柳如玉满河堤。
心思一枕仲夜醒，
水鸟几只波上啼。
童时梦境尚余半，
蛋糕彩烛已晋七。
且寄此情入江去，
奔腾一路无止息。

2020/04/02

忽于空林听琴笙

——追忆一年前中学同学琅琊山聚会

去岁绕梁踏歌声，
同窗庆生醉翁亭。
酒酣耳热话往事，
曲水流觞酒意浓。
琅琊又染一年绿，
世界转瞬殊不同。
浓荫满目人何在？
忽于空林听琴笙。

2020.08.04

题杨柳青年画

隙开历史百扇窗，
透入心底千斛光。
版升纸沉斑斓影，
兔起鹘落矫健郎。
伴君三更无眠眼，
济世五斗心饥粮。
匠心独运墨五色，
日新月异纸一张。

匡之吟于金陵龙江
秦淮河畔
2020/12/12

南运河水千年清

南运河水千年清，
曾似彩屏映夜空。
凤凰群飞霓裳舞，
麒麟疾驰气象雄。
祥瑞万千壁上观，
半从教化半启蒙。
馆藏永久杨柳青，
矿脉无限齐健隆。

吟于金陵河西

2020/12/17

题庚子年

庚子偏逢疫情烈，

五洲沦陷百业歇。

城门国门次第锁，

旅游客运连环劫。

口罩拂面人不识，

心机瞒天神有诘。

是非对错费考量，

冬夜漫漫思不绝。

匡之写于南京龙江

秦淮河畔

2020 年 12 月

读史

混沌从来未分明，
镀金文化暗黑经。
在世争誉仁波切，
入籍尽列虎狼精。
渡人惜无分海术，
度世难觅面壁僧。
依稀天边星光在，
一苇从足踏浪行。

匡之写于南京河西

秦淮河畔

2021 年 1 月

河上观云

——题 2021 新年

云山雾嶂万千重，
河水一捧映长空。
羊群汹涌天边牧，
林莽恣肆半空中。
雪崩无语静转动，
海啸澎湃始与终。
万里湛蓝虽悦目，
穿云破雾是人生。

匡之写于南京河西

秦淮河畔

2021 年 1 月

忆东晋

曾经辗转入东晋，
秦淮从容掩自信。
粉墙两岸列名士，
夜舟数行泊玄音。
宫门内外尚清谈，
朝野上下崇精神。
始觉今世三分俗，
细浪片片可濯心。

2022 年 1 月 21 日
匡之写于南京秦淮河畔

虎年题虎

一片斑斓逐疾风，
朝潜南北暮西东。
摧山伐野逞小技，
穿云破雾号大虫。
只爪怒踏蛮荒屈，
长尾劲扫乾坤动。
远避尘世无踪影，
只留长啸裂夜空。

匡之写于秦淮河畔
2022 年 1 月 24 日

题车站照片

流光从不逐车轮，
溢彩偏从驿站寻。
人生一世一剪影，
背景自变自更新。
心头守紧一念想，
身外任他秀金银。
丹青杨柳四百载，
天边星光入我心。

照片摄于 2021 年 3 月天津站
诗写于 2022 年 2 月秦淮河畔

夜雨

秦淮昨夜春雨近，
玉盘珠玑落纷纷。
吟哦史诗征战苦，
铨述游子归乡心。
古今春分几多雨，
消停烽火半天尘。
顿河征衣濡湿否？
梦断父母望中人。

匡之写于秦淮河畔

2022 年 3 月 25 日

www.ingramcontent.com/pod-product-compliance
Lightning Source LLC
Chambersburg PA
CBHW080943190726
48293CB00009B/2638